Luise Wiese

Vorfreude

Mit Kindern den **Advent** genießen

CHRISTOPHORUS

Inhalt

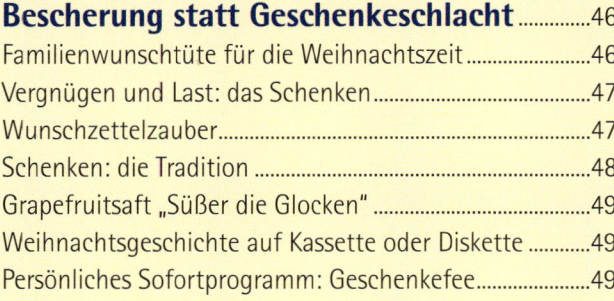

Die Adventszeit –
Vorfreude auf Weihnachten

Vorfreude ist und bleibt die schönste Freude! Kaum ein lange erträumter Urlaub kann so wunderbar sein wie die alles versprechende Vorfreude darauf. Ein herbeigesehntes Wiedersehen kann kaum jemals einlösen, was man sich in der Zeit des Wartens darauf alles ausgemalt hat. Und so ist es eben auch mit Weihnachten. Alles lebt auf den 24. Dezember hin: Die Kinder zählen erwartungsvoll die Tage mit ihrem Adventskalender, die Erwachsenen sind hin und her gerissen zwischen Erledigungsstress und Vorfreude. Auf beiden Seiten sind die Erwartungshaltungen oft hoch und die Enttäuschung, wenn nicht alles nach Plan läuft, ist groß. Schlagen Sie dieser Sorte Weihnachtsstress schon lange vor Heiligabend einfach ein Schnippchen, indem Sie mit Ihrer Familie die Adventszeit in vollen Zügen genießen. Denn hatten Sie eine glückliche gesamte Adventszeit, lastet kein so hoher Erwartungsdruck auf den eigentlichen Weihnachtsfeiertagen. Selbst wenn an Heiligabend mal etwas schief gehen sollte, können Sie einfach auf die vielen kleinen schönen Momente im Advent zurückgreifen, die sie gemeinsam erlebt haben.

Genau diesen kleinen, kostbaren Augenblicken im Familienleben widmet sich dieses Buch.

Es hilft Ihnen mit praxisnahen Ideen dabei, in Ihrem Alltag weihnachtliche Inseln von Ruhe, Gemeinschaft, Genuss, Hochstimmung oder einfach Entspannung zu schaffen, ohne dass Sie dazu unbedingt aufwändige Vorbereitungen treffen müssten.

Schmökern Sie sich „vor Freude" auf Weihnachten durch die Rituale, Ideen und Spielvorschläge dieses Buches und Sie werden sicherlich eine Menge Anregungen finden, die genau in Ihre Familiensituation passen!

Mehr Freude
durch weniger Stress im Advent

Weil Stress ein echter Genusskiller ist, finden Sie hier vorab ein paar schnelle Tipps zur Stressvermeidung in der Weihnachtszeit:

⭐ Ohne Kinder Weihnachtsgeschenke einkaufen geht schneller und ist nervenschonender. Organisieren Sie mit ein paar Freunden rechtzeitig ein Babysitting-System, das jedem ein oder zwei Einkaufsnachmittage in Ruhe ermöglicht.

⭕ Weihnachten gemeinsam mit der ganzen Familie erleben heißt auch: Sie brauchen nicht die ganze Vorbereitung alleine zu stemmen. Spannen Sie Kinder und Partner ein. Wenn Sie Arbeit abgeben, erwarten Sie nicht, dass Ihre Kinder oder Ihr Partner die Aufgabe genauso lösen, wie Sie das tun würden. Auch wenn das besonders Perfektionisten schwer fällt: Sehen Sie's positiv, indem Sie Ihre Entlastung in den Vordergrund stellen.

🍪 Münzen Sie Erledigungs- und Arbeitssituationen in gemeinsam erlebten Weihnachtsspaß um, wo immer es möglich ist. Die Wohnung muss geschmückt werden! Warum nicht mit allen zusammen? Wenn alle mitbestimmen können, wie's aussehen soll, kann das ein großes Vergnügen sein.

⭕ Überdenken Sie kritisch Ihre hohe Erwartungshaltung an sich selbst, wenn Sie mal wieder mit sich hadern, weil bei Ihnen nicht alles so perfekt weihnachtlich ist wie in Ihrer Kindheit. Sie vergleichen wahrscheinlich Äpfel mit Birnen, denn vermutlich lebten Ihre Eltern unter gänzlich anderen Lebensbedingungen als Sie. Muten Sie sich nicht zu viel zu, schließlich soll die Advents- und Weihnachtszeit allen Familienmitgliedern Spaß machen – auch Ihnen!

🍪 Für Plätzchenvielfalt auf dem Adventstisch: Tauschen Sie Plätzchensorten mit Freunden oder kaufen Sie auf Weihnachtsbazaren leckere, oft selbst gemachte Sorten dazu.

⭐ Sprechen Sie Abläufe und Pflichten in der Familie genau ab. Das spart jede Menge Weihnachtsärger.

Hell erleuchtet jedes Haus, Adventszeit – Lichterzeit

Lichterspaziergang

Stimmen Sie sich und Ihre Familie mit einem Abend- oder sogar Nachtspaziergang auf die Lichterzeit ein. Kinder finden „normale" Spaziergänge oft eher langweilig, deshalb machen Sie ihnen diese abendliche Runde als echten Nachtspaziergang schmackhaft. Je später, je besser, je aufregender. Und wenn Sie noch eine Thermoskanne warmen Tee mitnehmen, wird der Spaziergang zu einem richtigen Ausflug.

Warten Sie an einem Abend in der ersten Adventswoche, bis alle Geschäfte geschlossen sind, damit die Straßen ruhiger sind. Am besten knipsen Sie vor dem Losgehen eine kleine, einzelne Lampe in der Wohnung als Willkommenslicht für die Rückkehr an. Gehen Sie nun durch die Straßen und schauen Sie sich ganz bewusst die Fenster an. Schon bald werden auch Ihre Kinder Sie auf besonders warm leuchtende oder besonders schön geschmückte Fenster aufmerksam machen. Lassen Sie ruhig die Fantasie mit sich durchgehen und denken Sie sich alle zusammen aus, wer wohl hinter diesem und jenem Fenster wohnt. Wo es Ihnen besonders gut gefällt oder einfach, um sich ein bisschen aufzuwärmen und zu verschnaufen, machen Sie eine kleine Teepause, bevor Sie, immer auf der Suche nach schönen Lichtoasen, nach Hause gehen. Zünden Sie für eine Weile noch Kerzen an, damit auch Ihr Zuhause als warme Lichtinsel nach draußen schimmert.

Weihnachtlicher Lichterschein

Lichterglanz und Kerzenschein erschaffen jeden Advent aufs Neue die stimmungsvolle Weihnachtswelt mit all ihren Gerüchen, Farben und Klängen. Sie bringen Vorfreude aufs Weihnachtsfest und verbreiten Gemütlichkeit in der dunklen Jahreszeit. Wahrscheinlich erinnern Sie sich gut an die weihnachtlichen Kerzen-Rituale Ihrer Kindheit: an das feierliche Anzünden der Adventskranzkerzen, an die kleinen Kerzen, deren Wärme beim Adventsteetrinken die Weihnachtspyramide angetrieben hat, und natürlich als Höhepunkt an den leuchtenden Christbaum. Sie können solche Rituale mit den einfachsten Mitteln in Ihrer Familie aufleben lassen oder neu schaffen. Zelebrieren Sie kleine Lichterfeste im Advent und nehmen Sie sich Zeit, das Schimmern, Leuchten und Glitzern gemeinsam zu erleben und zu genießen.

Fröhliches Adventsfeuerwerk

Es muss natürlich nicht immer ernst und feierlich zugehen im Advent. Wunderkerzen können Sie auch schon vor Silvester kaufen und benutzen. Warum veranstalten Sie nicht mal für Ihre Familie ein kleines Wunderkerzen-Feuerwerk auf dem Balkon oder im Garten? Drinnen löschen Sie die Lichter und zünden draußen am besten mit einer bereits angezündeten die anderen in Balkonkästen oder Erde gesteckten Wunderkerzen an. Oder Sie malen mit einer fröhlich prasselnden Wunderkerze Wörter in die Luft, die die einzelnen Familienmitglieder erraten können. Erfinden Sie Spielregeln: Zum Beispiel kann derjenige, für den speziell diese eine Wunderkerze entzündet wurde, sich in dem Moment, in dem sie erlischt, heimlich etwas wünschen. Bald wird dieser Wunsch in Erfüllung gehen.

Natürlich haben Kinder selbst auch Riesenspaß, mit den fröhlichen Lichtern zu hantieren. Wenn Sie ihnen den Umgang damit zutrauen, können Sie ja der Zuschauer des kleinen Adventsfeuerwerks sein.

Lichterumzug durch die Wohnung

Vom Sankt-Martins-Fest her kennen und lieben viele Kinder den Brauch, singend mit Lichtern durch die Straße zu ziehen. Verlängern Sie diese Freude doch in den Advent hinein. Basteln Sie für oder mit den Kindern kleine Adventslaternen: Ein einfacher Taschenlampenaufsatz aus einer mit Weihnachtsmotiven bemalten Papiertüte (DIN-A4-Blatt rollen) reicht schon aus. Jetzt können Sie kleine Adventsumzüge durch die abgedunkelte Wohnung unternehmen und in herrlich aufregender Stimmung Weihnachtslieder singen. So werden Sie vielleicht auch Singmuffel, die normalerweise viel zu zappelig sind, um „in Ruhe" Weihnachtslieder zu singen, begeistern können.

Advent, Advent, ein Lichtlein brennt

Das verbreitetste Lichtritual im Advent ist das Anzünden der vier Adventskranzkerzen. Schon die Kleinsten begreifen bald, dass mit jeder zusätzlichen leuchtenden Kerze etwas Spannendes näher rückt. Deshalb sollte man den Moment, wenn die nächste Kerze angezündet wird, auch nicht einfach verstreichen lassen. Rufen Sie ruhig alle zusammen und verleihen Sie dem Augenblick Besonderheit. Dafür hat jede Familie ihr ganz eigenes Rezept: Ob Sie singen, lachen, tanzen, eine kurze Geschichte erzählen, einen Vers aufsagen oder einfach gemeinsam eine kurze Weile schweigend in die Kerzen schauen – was zählt, ist nur das gemeinsame Erleben des besonderen Moments.

Adventskranz: die Tradition

Wussten Sie, dass der Adventskranz im 19. Jahrhundert entstand und ursprünglich 24 Kerzen hatte? Das schloss die Benutzung in Privathaushalten natürlich aus, da ein Tannenkranz für 24 Kerzen eine enorme Größe haben muss. Erst als nicht mehr 24, sondern nur für jeden Adventssonntag eine Kerze genommen wurde, verbreitete sich dieser Brauch in ganz Deutschland, allerdings zunächst in den evangelischen Haushalten. Es dauerte bis nach dem Ersten Weltkrieg zu Beginn des 20. Jahrhunderts, dass der Adventskranz über die Konfessionen hinweg selbstverständlich wurde.

Allerdings hängten die Menschen, schon lange bevor es Adventskränze gab, in der kalten Jahreszeit Winterkränze auf. Das waren ursprünglich mit immergrünen Zweigen umwundene Wagenräder, die vom Arbeitswagen des Hofes abmontiert worden waren und darauf hinwiesen, dass die Arbeit draußen wegen der strengen Kälte ruhte.

Adventskranz-Ritual mit 24 Teelichtern

Sie können natürlich die Tradition aufgreifen und für ein kleines morgendliches Ritual einen Adventskranz für 24 Lichter basteln: allerdings aus Karton statt aus Tannengrün und mit Teelichtern statt mit dicken Kerzen. Legen und kleben Sie von der Rückseite mit Klebefilm mehrere Blätter aus dünnem grünen Karton so zusammen, dass Sie ungefähr einen Kreis von 50 Zentimetern zeichnen können. Den schneiden Sie aus. Ungefähr 10 Zentimeter von der äußeren Kreiskante ziehen Sie eine Innenlinie. Dieser Bereich ist den Teelichtern vorbehalten. Die Mitte wird weihnachtlich gestaltet. Natürlich können Sie auch die Außenkante zum Beispiel mit einem goldenen Band bekleben. Auf den Teelichterrand schreiben Sie nun im richtigen Abstand die Zahlen von 1 bis 24. Sie können sie durcheinander würfeln wie bei einem Adventskalender zum Aufhängen oder Sie schreiben sie in der richtigen Reihenfolge, dann haben Sie hinterher eine gleichmäßig wachsende Lichtlinie. Für kleine Kinder können Sie auch einfache Symbole malen. Herz, Stern, Mond usw.

Jeden Morgen während der Adventszeit kann Ihr Kind erst vom immer gleichen Ort ein Teelicht und gegebenenfalls Streichhölzer holen. Am Adventskranz sucht es dann die richtige Stelle für das heutige Teelicht – falls Ihr Kind noch nicht Zahlen lesen kann und Sie die Symbole gewählt haben, sagen Sie z. B. „Heute ist Stern-Tag" – und stellen es an seinen Platz. Jetzt werden alle Lichter angezündet, die zu diesem Zeitpunkt im Advent brennen dürfen, und die wachsende Zahl bestaunt. Die Lichter sollten nicht zu lange brennen. Vielleicht gibt es einen günstigen Zeitpunkt in Ihrem morgendlichen, familiären Ablauf, der für einen Moment der Ruhe geeignet ist. Ansonsten bietet sich die Zeit des Frühstückens an. Gemeinsam werden die Teelichter dann wieder ausgepustet.

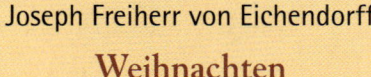

Joseph Freiherr von Eichendorff

Weihnachten

Markt und Straßen stehn verlassen,
Still erleuchtet jedes Haus,
Sinnend geh ich durch die Gassen,
Alles sieht so festlich aus.

Ein Lichtermeer zu Hause

Viele Menschen werden besonders durch eine große Menge leuchtender Kerzen in Adventsstimmung versetzt. Andere schätzen eher ein einzelnes Licht, das im Dunkeln leuchtet. Wenn Sie zum ersten Lichtertyp gehören, finden Sie hier Ideen, wie Sie Ihre Wohnung, ohne großen Aufwand treiben zu müssen, in eine Lichtoase verwandeln können.

Kerzen in Sand

Für diese unaufwändige, preiswerte, aber unvergleichlich dekorative Idee, sich ein Lichtermeer zu schaffen, brauchen Sie lediglich einen Sack Vogelsand, Haushalts- oder vergleichbare Kerzen und Gefäße wie zum Beispiel Vasen, Blumentöpfe oder Schüsseln, die Ihnen ohnehin zur Verfügung stehen. Wer es luxuriös liebt, leistet sich besonders lange, schmale Kerzen, denn mit denen sieht's am schönsten aus. In die Gefäße füllen Sie den Sand, wobei die Füllhöhe je nach Gefäß variiert. Dort hinein stecken Sie nun pro Gefäß mehrere Kerzen. Experimentieren Sie ein wenig mit der Sand- und Kerzenmenge und der Schrägstellung der Kerzen. Ihre Kerzengefäße verteilen Sie nun im Zimmer oder auf der festlichen Tafel, wenn Sie Lust auf ein besonders festliches Adventsessen haben. Beim Aufstellen sollten Sie berücksichtigen, dass schräg stehende Kerzen immer ein bisschen tropfen.

Tipp

Mit geschickt gestellten Spiegeln oder durch das Ausnutzen von (spiegelnden) Fensterscheiben können Sie die Wirkung von Kerzenlicht effektvoll steigern.

Kindliche Wunderlichter

Bereiten Sie zusammen mit Ihren Kindern in der ersten Adventswoche ein kleines Lichterfest für den zweiten Adventssonntag vor. Vielleicht haben Sie in der letzten Zeit mit Transparentpapier gebastelt, zum Beispiel die Sterne von Seite 18. Werfen Sie die Reste nicht weg, sondern verwenden Sie sie für diese auch von kleineren Kindern leicht durchzuführende Bastelei. Sie können natürlich auch einfach buntes Transparentpapier in kleine Stückchen zerreißen. Als Teelichtgefäße, die nun von den Kindern beklebt werden sollen, eignen sich alle möglichen Arten von Gläsern: z. B. Marmeladen-, Senf- und „Küchen"gläser aller Art, deren Öffnung groß genug für ein Teelicht ist. Auf diese Gläser kleben die Kinder nun mit Bastelkleber farbige Schnipsel Transparentpapier. Sie sollten als Erwachsener so wenig Vorgaben wie möglich machen: Auch ungewöhnliche Farbkombinationen leuchten wunderschön und je nach Bastelgeschick und Alter können die Ergebnisse sehr unterschiedlich ausfallen. Aber die Kinder werden hinterher sehr stolz auf ihre ganz alleine gemachten Wunderlichter im Lichtermeer zeigen. Und wenn Sie ganz bestimmte Vorstellungen von einem Weihnachtswunderlicht haben: Bekleben auch Sie sich Ihr eigenes, ganz besonderes Teelichtglas. Bei Ihrem Lichterfest am zweiten Advent wird es Ihr persönliches Wunschlicht sein.

Persönliches Sofortprogramm: Lichterfest

Ohne weitere Vorbereitungen können Sie bei sich zu Hause ein kleines, spontanes Lichterfest veranstalten, das Sie und Ihre Familie auf die Adventszeit einstimmt, auch wenn Sie noch überhaupt nicht dazu gekommen sind, die Wohnung zu schmücken. Wenn es dunkel ist, versammeln Sie einfach alle Kerzenständer und Teelichter der Wohnung an einem besonderen Platz auf dem Boden (Tablett) oder auf einem niedrigen Tischchen. Solche besonderen Wohlfühlplätze hat jede Wohnung und jedes Haus. Hier hocken sich die Kinder hin, um zu spielen, und auch die Erwachsenen halten sich hier besonders gern auf. Vielleicht ist es ein Platz vor einem bodentiefen Fenster, eine breite Fensterbank oder eine besonders gemütliche Ecke. Sorgen Sie dafür, dass alle, die am Lichterfest teilnehmen möchten, bequem sitzen können: Ein paar Kissen, eine große Decke reichen zum Einkuscheln. Zünden Sie zusammen alle Kerzen und Teelichter an, knipsen sie das Licht aus und schauen Sie gemeinsam ins Lichtermeer. Langsam kommen alle zur Ruhe und spüren intensiv, dass nun eine ganz besondere Zeit beginnt.

Die spannende Wartezeit:
Das Schönste ist die Vorfreude

Weihnachten einläuten

Mit einer ganz einfachen Glöckchenschnur können Sie auf eine ganz ungewöhnliche Art und Weise das Näherrücken des Weihnachtsabends hörbar und
begreifbar machen. Adventstag für Adventstag hängen Sie mit Ihrem Kind ein
kleines Glöckchen mehr an eine vorbereitete Schnur. Jeden Tag bimmelt die
Glöckchenschnur ein wenig lauter und feierlicher.

Wenn Sie in Ihrer Familie dieses besonders für kleine Kinder schöne Glöckchen-
ritual einführen möchten, müssen Sie einmalig eine Schnur vorbereiten. Dazu
brauchen Sie rote und grüne Wolle und 24 kleine Glöckchen (z. B. aus dem
Bastelladen oder über die Jahre von Schokoweihnachtsmännern und Osterhasen
gesammelt). Wissen Sie noch, wie man aus Wolle eine Luftmaschenkette häkelt?
So eine Kette bildet die Grundlage für die Glöckchenschnur. Sie können aber
auch in einer Kurzwarenabteilung ein Band mit Löchern suchen oder aus Wolle
eine Kordel drehen. In das rote Band, das ungefähr drei Viertel so lang sein sollte
wie der Türrahmen hoch ist, in den Sie es hängen werden, ziehen Sie in gleich-
mäßigen Abständen 24 grüne Wollfäden ein und knoten sie fest. Die Enden müssen lang genug sein, dass Sie später ein Glöckchen einbinden können. Besonders
schön sieht es aus, wenn Sie das Schnurende unten mit einem rotgrünen Woll-
pompon oder einem schönen Christbaumanhänger aus Holz schmücken. Daran
wird dann jeden Tag feierlich geläutet. Am schönsten ist es, wenn Sie ein kleines
Nachmittags- oder Abendritual daraus machen: Vor dem Adventsteetrinken oder
Abendessen knoten Sie oder ein Kind festlich das nächste Glöckchen ein. An den
grünen Fäden sehen alle genau, wie viele und später wie wenige Tage noch ver-
bleiben. Dann läutet die Glöckchenschnur leise oder zunehmend lauter alle Familienmitglieder zu einer gemeinsamen Mahlzeit.

Schöne, lange Wartezeit

Für Kinder ist die Wartezeit vor Weihnachten unvorstellbar lang. Nicht umsonst gibt es Adventskalender, die jeden Tag zählen. Auch die Kerzen des Adventskranzes strukturieren hilfreich die lange Wartezeit. Deshalb kann es für kleinere Kinder wichtig sein, dass Sie immer dieselben Kerzen anzünden und nicht reihum. Die weißen Dochte zeigen unmissverständlich, wie viel Abschnitte noch zu durchwarten sind. Lassen Sie die Kinder den Advent aktiv mitgestalten, dann werden sie ihn nicht als lästige Wartezeit empfinden, sondern bewusst als schöne Zeit erleben.

Kinder-Adventskranz

Üblicherweise schmücken die Erwachsenen den Familienadventskranz. Kaufen oder binden Sie doch einmal zusätzlich einen kleinen Kranz und fragen Sie Ihre Kinder, wie sie ihren eigenen Kranz gerne gestalten möchten. Wenn mehrere Kinder da sind und eine jeweils völlig andere Vorstellung haben, wie denn der Kranz aussehen soll, dann schlagen Sie einen Kompromiss vor: Moritz kann in „seiner" Hälfte seine Playmobilfiguren festbinden und Linda in „ihrer" Hälfte ihren Zoo installieren. Lassen Sie den Kindern wirklich freie Hand, sie sollen den Kranz ganz als ihren empfinden. Vielleicht fragen sie im nächsten Jahr schon wieder danach, weil ihnen lustige Dekoideen eingefallen sind.

Gemeinsam schmücken

Die lange Wartezeit im Advent verkürzt man sich klassischerweise mit kleinen Bastelarbeiten, die hinterher wiederum die Wohnung festlich schmücken. Nicht jedes Kind und jeder Erwachsene bastelt allerdings gerne. Und bevor gemeinsames Adventsbasteln zum Zwang gerät, sollte man es lieber sein lassen und mit vorhandenem oder gekauftem Adventsschmuck gemeinsam die Wohnung dekorieren. Lassen Sie die Kinder mitbestimmen, wohin die Sterne, Zweige, Bänder und Zapfen kommen. Fädeln Sie gemeinsam Schnur an die Dinge zum Aufhängen und machen Sie insgesamt eine Gemeinschaftsangelegenheit aus der Wohnungsschmück-Aktion.

Leonies grün-gelber Weihnachtsstern

Basteln Sie zusammen mit den Kindern persönliche Sterne aus buntem Transparentpapier. Die Transparentpapier-rechtecke kaufen Sie fertig im Bastelgeschäft oder schneiden sie zu. Ansonsten brauchen Sie nur noch Kleber. Das Besondere an Ihren Sternen ist, dass jeder einem Familienmitglied oder Freund gewidmet ist. Es macht großen Spaß, beim Basteln gemeinsam zu überlegen, welche Farbe zu wem passt. Lassen Sie die Kinder Farbkombinationen aussuchen und fragen Sie sie nach dem Grund, warum sie finden, dass Rosa und Dunkelblau zu Oma gehören und Grün und Gelb zu Leonie. Man kann in einen richtigen Sterne-Rausch kommen, weil ständig jemandem noch einer einfällt, der unbedingt noch einen Stern im Fenster haben muss.

Es ist schön, sich in der Adventzeit immer wieder daran zu erinnern, wem welcher Stern gehört. Und am meisten Spaß macht es natürlich, Besuchern ihren ganz persönlichen Stern zu zeigen. Und die werden sich freuen, auf diese Art und Weise in der Adventszeit bei Ihnen präsent zu sein.

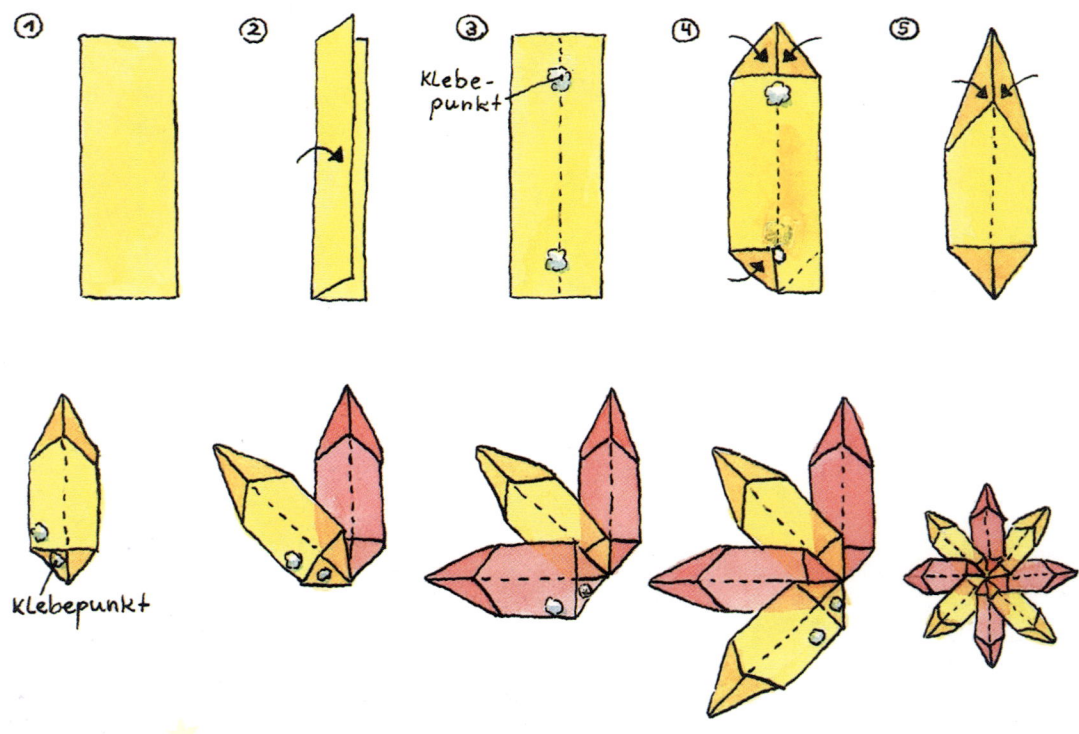

Dein besonderer Stern

Dein besonderer Stern,
winzig und hell,
leuchtet von fern
und zwinkert dir schnell
mit seinen freundlichen Augen zu,
aber das siehst natürlich nur du.

Traumreise zum Weihnachtsmann

Wenn die Wartezeit bis Weihnachten zu lang wird, begleiten Sie Ihr Kind doch mal auf eine vorweihnachtliche Fantasiereise zum Weihnachtsmann. Machen Sie es sich gemeinsam bequem, dimmen Sie das Licht, lassen Sie Ihr Kind die Augen schließen, wenn es möchte, und beginnen Sie mit ruhiger Stimme zu erzählen:

Du fragst dich, was der Weihnachtsmann wohl macht? Steh in deinen Gedanken auf und geh zur Haustür hinaus. Dir ist ganz wohl und warm und so läufst du die Straße entlang. Beim ersten Tannenbaum bleibst du stehen und fragst ihn, wo du den Weihnachtsmann finden kannst. „Du musst einfach losfliegen", erklärt dir der Baum, „mit etwas Glück begegnest du ihm." Breite die Arme aus und denke an den Weihnachtsmann. Schon hebst du ab. Schau mal nach unten: Der Tannenbaum ist schon ganz klein geworden, sogar die Häuser sind winzig. Lass die Arme geöffnet und steuere mit den Füßen. Es ist ganz leicht. Die Luft wird immer kälter, aber du fühlst dich pudelwohl und auf einmal merkst du, dass du in einer Seifenblase bist, die dich schützt. Die Seifenblase segelt mit dir sanft durch die Luft. Jetzt landet sie auf einer Wolke. Du schaust dich um.

Kein Weihnachtsmann weit und breit, nur weiße Wolken. Dann muss ich an einem anderen Ort suchen, denkst du. Und schon hebt die Seifenblase wieder ab und schwebt weiter. Jetzt schaust du nach unten und siehst riesige weiße Flächen. Ob das der Nordpol ist, denkst du. Deine Kugel dreht sich und dein Blick fällt auf einen Schlitten, der sich rasch voran bewegt. Kaum hast du dich versehen, ist er nur noch ein schnell kleiner werdender Punkt am Horizont. Das ist der Weihnachtsmann, weißt du in diesem Moment und wirst ganz ruhig und froh. Gerade ist er losgefahren, um rechtzeitig an Weihnachten bei uns zu sein. Das muss ich den anderen erzählen. Kaum hast du das gedacht, wird deine Seifenblase schneller und saust mehr, als dass sie schwebt. Als sie anhält, breitest du wieder die Arme aus. Jetzt musst du selbst wieder fliegen. Es geht ganz leicht. Du steuerst mit den Füßen und landest sanft neben der Tanne. Kaum merklich nickt sie dir zu. Langsam gewöhnen sich deine Füße wieder daran, festen Boden unter sich zu spüren. Jetzt kannst du losgehen. Die Straße entlang läufst du nach Hause, öffnest die Haustür und machst es dir hier bequem. Bist du angekommen? Dann öffne die Augen und berichte uns, was du erlebt hast.

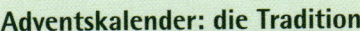
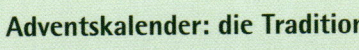

Das Weihnachtsthermometer

Die fehlenden Tage bis Weihnachten nehmen ab, die Aufregung nimmt zu. Mithilfe eines spielerischen Adventskalenders können Kinder das mit Händen greifen: Nummerieren Sie Legosteine von 1 bis 24 mit Folienstift, auch mehrere Steine mit einer Zahl sind möglich. Bauen Sie den Turm einmal zur Probe zusammen und bestimmen Sie einen Bauplatz. Hierhin pinnen Sie an die Wand Papier, so hoch, wie der Turm wird, und bemalen und beschriften es mit einem „Weihnachtsthermometer", dessen Quecksilbersäule aus Legosteinen immer höher steigen und das Weihnachtsfieber anzeigen wird. Am besten planen Sie einen Farbverlauf von kaltem Blau über Grün und Gelb zu kräftigem Rot ein.

Kalenderrecycling

Haben Sie einen alten Adventskalender, dessen Motiv Sie oder ein Kind so lieben, dass Sie ihn unmöglich wegwerfen können? Recyceln Sie ihn, indem Sie ihn für ein morgendliches Ritual benutzen, das jeden Adventstag besonders macht. Am Vorabend stecken Sie einen kleinen Zettel in das Kläppchen für den morgigen Tag, auf dem Sie ein Versteck beschreiben. Dort findet Ihr Kind am nächsten Morgen sein Adventskalendergeschenk. So ein bisschen Ostern zur Weihnachtszeit macht allen großen Spaß und an den Adventssonntagen, wenn alle morgens mehr Zeit haben, können Sie das Spiel noch ausweiten: Im Versteck findet Ihr Kind einen zweiten Zettel mit einem weiteren Versteck usw. Am besten lassen Sie es am Frühstückstisch – zum Beispiel im Brotkorb – enden, damit Sie zu einem ruhigen Adventsfrühstück kommen.

Partnerkalender

Nicht nur Kinder mögen Adventskalender! Denken Sie ruhig auch mal an sich und Ihren Partner und schlagen Sie ihm einen gemeinsamen Adventskalender vor: An den geraden Tagen bestückt Ihr Partner einen Kalender mit einer kleinen Idee für Sie, an den ungeraden Tagen umgekehrt. Schenken Sie sich Fußmassagen, Vorlesestunden, Museumsbesuche, Videoabende, Stadtbummel, ein Lieblingsessen usw. Zwölf Dinge, die Sie gern gemeinsam mit Ihrem Partner mal wieder tun möchten, fallen Ihnen bestimmt ein. Vielleicht ist es gerade in der gesamtfamiliär ausgerichteten Adventszeit besonders wichtig, dem Partner mit kleinen liebevollen Aufmerksamkeiten zu zeigen, wie viel er Ihnen auch als Einzelperson bedeutet.

Tipp:

Die Partnerkalenderidee können Sie natürlich auch für die ganze Familie oder in der Konstellation ein Erwachsener – ein Kind umsetzen.

Persönliches Sofortprogramm: Adventskalender für Ungeduldige

Verkürzen Sie die Wartezeit im wahrsten Sinne des Wortes, indem Sie einem besonders ungeduldigen Kind einen Abschneidekalender machen. In Ziehharmonikatechnik falten Sie einen schmalen, langen Streifen farbiges Papier so oft hin und her, dass Sie 24 Abschnitte erhalten. Auf die malen Sie mit einem dicken Stift die Zahlen von 1 (unten) bis 24 (oben). Vielleicht schreiben Sie hinten noch drauf, wie oft jetzt noch geschlafen werden muss, bis Weihnach-ten ist. Oder Sie untergliedern die Zeit, damit sie nicht endlos lang ist: Noch dreimal schlafen, bis der Nikolaus kommt. Noch sechsmal schlafen bis zur Weihnachtfeier im Kindergarten. Noch dreimal schlafen, bis Oma kommt, noch fünfmal schlafen, bis du eine kleine Überraschung bekommst und so weiter. Jeden Tag kann das Kind nun ein Stück von der langen Wartezeit abschneiden und wegwerfen.

Nikolaus, komm in unser Haus

Blanke Schuhe und Wegzehrung

Wenn bei Ihnen der Nikolaus über Nacht kommt, ist der Abend des 5. Dezember eine ganz besondere Zeit: Jetzt gilt es alle Vorbereitungen zu treffen, dass Nikolaus und seine Begleiter gerne bei Ihnen einkehren! Ob der Nikolaus zu Fuß, begleitet von Knecht Ruprecht, einem Esel oder auf einem von Rentieren gezogenen Schlitten kommt, hängt ganz von Ihrer Familientradition ab. Das Wichtige ist nur, dass für alle etwas Leckeres bereitliegt, das sie als Wegzehrung auf ihrem langen Weg gut gebrauchen können. Überlegen Sie gemeinsam mit den Kindern, was geeignet ist. Das Eselchen isst bestimmt gern einen von Kinderhand mit einem weichen Tuch blank polierten roten Apfel, daran könnte aber auch der Nikolaus Freude haben. Wenn Ihre Kinder von ihren Lieblingssüßigkeiten abgeben wollen, umso besser. Ich bin sicher, der Nikolaus liebt von Herzen geschenkte Gummibärchen. Für die Rentiere sollte vielleicht ein Schüsselchen mit Wasser vor die Tür gestellt werden. Es versteht sich von selbst, dass alle Schuhe und Stiefel, die zum Einsatz kommen, sauber geputzt, gebürstet und poliert sind. Das geschieht am besten in einer lustigen Schuhputzrunde. Schon Zweijährige hantieren begeistert mit der Schuhbürste. Und wenn dabei noch gesungen wird, kann diese insgesamt eher unbeliebte Tätigkeit richtig Spaß machen – und das alle Jahre wieder, auch wenn keiner mehr wirklich an den Nikolaus glaubt.

Weniger ist mehr

Es ist gar nicht so einfach, das richtige Maß zu finden bei all den Schenkanlässen im Dezember. Wenn schon in den Adventskalendern immer große Überraschungen sind, muss das Geschenk an Nikolaus wohl noch etwas „dicker" ausfallen. Das finden die Großeltern vielleicht auch – und schon ist bereits vor Weihnachten der Geschenkeberg und -level so hoch, dass er Heiligabend eigentlich nur noch durch Masse zu überbieten ist. Hohe Erwartungshaltungen seitens der Kinder brauchen unter diesen Umständen nicht zu überraschen. Fangen Sie doch dieses Jahr an, die Latte mal etwas niedriger zu hängen, um so einer ungewollten Geschenkespirale zu entkommen. Specken Sie beim Adventskalender ein bisschen ab. Es muss keine Packung Buntstifte sein, pro Tag eine Farbe reicht völlig aus. Und es kann durchaus an einem Tag mal bloß ein paar Nüsse oder ein kleines Päckchen Kaubonbons geben. Und Nikolaus ergänzt dann „nur" mit einem neuen Malbuch die Buntstifte. Bitten Sie Großeltern eindringlich, sich an Ihre Geschenkeregeln zu halten. Es ist schließlich nicht schwer zu verstehen, dass die Freude am einzelnen Geschenk sonst in der Masse verloren geht – auch die am Geschenk von Oma und Opa!

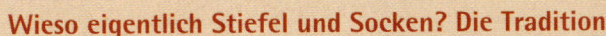

Wieso eigentlich Stiefel und Socken? Die Tradition

Die Legende weiß zu berichten, dass der heilige Nikolaus, schon bevor er Bischof wurde, drei arme Schwestern mit Gold beschenkte, um ihnen ein ehrenvolles Leben zu ermöglichen, wie es so schön heißt: Die Mädchen brauchten eine Mitgift, um heiraten zu können. Dieses Gold soll er durch den Kamin in die Wohnung der Mädchen geworfen haben, wo es sich in den zum Trocknen aufgehängten Socken verfing. Deshalb kommt der aus dem Nikolaus hervorgegangene Weihnachtsmann des angloamerikanischen Raums auch durch den Kamin in die Wohnung. Aus den Nikolaussocken wurden vielerorts im Brauchtum Stiefel.

Dass der Nikolaus heimlich kommt und seine Gaben für die Kinder dalässt, ist der ältere der Nikolausbräuche. Der von einer strafenden Knecht-Ruprecht-Gestalt begleitete Nikolaus, der „offiziell" ins Haus kommt und den Kindern ihre Verfehlungen vorhält bzw. sie für Gutes lobt, wurde in katholischen Kreisen während der Gegenreformation erfunden. Bei dieser Art von Nikolausbesuch wird sozusagen das Weltgericht aus pädagogischen Gründen einmal im Jahr in den familiären Alltag vorverlegt. Früher wurde bei dieser Gelegenheit abgefragt, ob die Kinder regelmäßig gebetet hatten und folgsam waren und entsprechend gelobt und belohnt oder getadelt und bestraft. Von dieser Angstkulisse für die Kinder ist man heute zum Glück abgekommen. Wenn der Nikolaus einkehrt, dann als gütiger Lober und Schenker, weniger als Tadler und Bestrafer. Entsprechend fehlt die Ruprechtfigur oft.

Nikolausfest mit Freunden

Obwohl familiäre Strukturen oftmals durch andere ergänzt oder abgelöst sind, ist Weihnachten nach wie vor für die meisten ein Familienfest. Und viele entscheiden sich, vor die Wahl Familie oder Freunde gestellt, doch immer wieder für das Feiern im Familienkreis. Nutzen Sie, wenn es Ihnen so geht, doch einfach den Nikolaustag für eine Feier mit Ihren Freunden. Sie können daraus eine Tradition im Freundeskreis machen: Vielleicht richtet das Fest

jedes Jahr jemand anderes aus. Natürlich bringen alle etwas mit, damit nicht alle Arbeit auf einem lastet. So ein Freundesfest ist der richtige, lockere Rahmen für einen Nikolausauftritt, wenn alle einverstanden sind. Für die Kinder ist es ein großes Vergnügen, wenn auch die Eltern einbezogen werden und der Nikolaus der versammelten Runde von deren kleinen Macken oder Verfehlungen zu berichten weiß.

Festdekoration

Die Dekoration sollte keinen großen Aufwand für den darstellen, der sich netterweise bereiterklärt, das Nikolausfest für die Freunde auszurichten. Kerzenschein und ein bisschen Tischschmuck fürs Buffet oder den Tisch, um den alle sitzen, reicht allemal. Hier ein paar Vorschläge für eine einfache, aber wirkungsvolle Wohnungsdekoration: Verstreuen Sie einfach schöne, weihnachtlich anmutende Dinge auf einer Tischdecke: Nüsse und rotbackige Äpfel, Tannenzapfen, kleine Tannenzweige, Stücke von irgendwelchen Beerenzweigen, die Sie in jedem Blumengeschäft finden. Vielleicht haben Sie goldbesprühte Naturfundstücke im Fundus – sie eignen sich ebenfalls hervorragend. Es gibt Stifte mit flüssiger Kreide, deren Schrift hinterher gut wieder abgeht. Mit denen können Sie ein nikoläusliches Willkommen an die Haustür und auf die Fenster schreiben. Kinder freuen sich, ihren Namen zu suchen: Wenn Sie ein großes Fenster haben, malen Sie doch einen simplen dickbäuchigen Nikolaus und schreiben in seinen Bauch alle Namen der Gäste. Wenn Sie ein Buffet haben, stellen Sie das Besteck in Blumentöpfe oder Vasen, die Sie mit dekorativem Geschenkband umwickeln, in das Sie kleine Lärchenzapfen oder Miniweihnachtskugeln einbinden. Wenn Sie große Pinienzapfen besitzen, können Sie eine hübsche Kerzendeko schaffen. Dazu müssen den Zapfen allerdings die Spitzen abgesägt werden. Mit Wachs befestigen Sie Weihnachtsbaumkerzen auf den Spitzen und ordnen die Leuchtzapfen zusammen mit Weihnachtskugeln in einer Schale.

Heut ist Nikolaus-Abend da

Als Höhepunkt des gemeinsamen Nikolausfestes kommen Erwachsene und Kinder zusammen. Verteilen Sie Klanginstrumente an die Kinder, besonders geeignet sind Schellenbänder, Triangeln, Minizimbeln usw., die Sie in Musikhäusern bekommen. Aber welcher Haushalt ist schon perfekt mit Musikinstrumenten ausgestattet ... Improvisieren Sie mit Schneebesen, als Klanghölzer geeigneten Gegenständen, Glöckchen, verzichten Sie auf Topfdeckel, die sind einfach zu laut, es sei denn, sie werden vorsichtig mit nichtmetallischen Gegenständen geschlagen. Papprollen, mit etwas Reis gefüllt und an den Enden zugeklebt, sind schöne Rasseln. Wenn ein Kind in der Runde gut Flöte oder ein anderes Instrument spielen kann und Lust hat, vor Publikum „aufzutreten", ist das natürlich auch sehr willkommen. Die Erwachsenen bekommen Wunderkerzen. Das Licht wird gelöscht oder runtergedimmt und alle fangen zunächst leise an, das bekannte Nikolauslied „Lasst uns froh und munter sein" zu summen, während die Kinder leise mit ihren Perkussionsinstrumenten den Rhythmus vorgeben. Wenn „Solisten" in der Runde sind, spielen sie nun, von leisem Summen begleitet, erneut das Nikolauslied. Und ganz am Schluss zünden die Erwachsenen die Wunderkerzen an und alle singen zusammen. Sie werden sehen, dies ist ein wunderschönes „Finale" Ihres Nikolausfestes, an dem alle Spaß haben werden. Selbst skeptische Erwachsene, die es gar nicht mehr gewöhnt sind, in einer Runde zu singen, und sich vielleicht zunächst zieren, gewöhnen sich durch das Summen leichter daran und werden sich dem stimmungsvollen Vergnügen wohl kaum entziehen.

Tipp:

Die Melodie und die erste Strophe des Nikolausliedes kennt bestimmt jeder. Oft hapert es aber bei den Folgestrophen. Drucken Sie den Text mehrmals aus, sodass Sie Textunsicheren die Angst nehmen.

Nikolauspantomime

Die Nikolausscharade ist eine gute Gelegenheit, Erwachsene und Kinder bei einem Spiel, das für beide Gruppen lustig ist, zusammenzubringen. Bereiten Sie kleine Zettelchen mit Begriffen, die mit der Weihnachtszeit zu tun haben, vor: Nikolaus, Krippe, Stern von Bethlehem usw. Wer dran ist, zieht einen Zettel und stellt den Begriff pantomimisch dar – oft unter großem Gelächter der Zuschauer, denn es sieht einfach witzig aus, wenn jemand als Komet durch die Küche flitzt. Achten Sie aber darauf, dass sich niemand ausgelacht fühlt, denn es fällt nicht allen gleich leicht, sich in den Mittelpunkt der Aufmerksamkeit zu stellen.

Wer richtig geraten hat, ist der nächste Darsteller. Sie können die Begriffe auch nach dem „Montagsmalerprinzip" zeichnen und erraten lassen.

Nikolausflaschendrehen

Setzen sie einer Flasche eine Nikolausmütze, d. h. eine passend geschnittene Spitztüte aus rotem Papier auf und kleben Sie diese so mit Klebefilm an, dass sie nicht verrutscht und die Flasche nicht beim Drehen behindert. Sie muss auf dem sich verjüngenden Teil der Flasche sitzen. Wer Zeit und Lust hat, nimmt weißes Papier und malt unter einer roten Mütze mit weißem „Pelzbesatz" noch ein lachendes Nikolausgesicht. Ein Wattebausch kann zusätzlich die Mützenspitze zieren.

Es gelten die normalen Spielregeln des Flaschendrehens: Auf wen die Flasche zeigt, wenn sie aufhört zu rotieren, muss etwas Lustiges tun, was der Dreher ihm aufträgt, zum Beispiel auf einem Bein um die Runde hüpfen und dabei „Ich bin ein dummes Huhn!" rufen.

Dann kann er aber selbst die Flasche drehen, dabei das unten stehende Nikolaussprüchlein sagen und sich etwas ganz besonders Lustiges für den Nächsten ausdenken.

Nikolaus sagt, du sollst nicht ruh'n, sondern was ich sage tun!

Schnelle Nikolaus-Brownies

Die ursprünglich amerikanischen Brownies gehen schnell und lassen sich ganz leicht mit Zuckerschrift aus der Tube oder Nüssen dekorieren – eine Köstlichkeit wie gemacht für Ihr Nikolausfest.

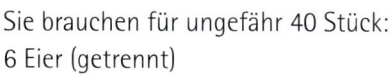

Sie brauchen für ungefähr 40 Stück:
6 Eier (getrennt)
180 g Butter
220 g Schokolade: am besten halb bitter, halb Vollmilch
200 g Zucker
60 g Mehl
Kuvertüre und Nüsse bzw. Zuckerschrift für die Dekoration

Schmelzen Sie die Butter bei kleiner Hitze und geben Sie die Schokolade in Stückchen zum Schmelzen dazu. Den Zucker, die Eigelbe und das Mehl nacheinander einrühren. Das Eiweiß zu Schnee schlagen und vorsichtig unter die Masse heben. Alles in eine rechteckige, gefettete Form geben und in dem auf 180 °C vorgeheizten Ofen auf der mittleren Schiene 35 Minuten backen. Die erwärmte Kuvertüre auf dem gesamten Brownie-Kuchen verteilen und erst nach dem Abkühlen in 3 bis 4 cm große Würfel schneiden und jedes Stück mit einer Nuss oder einem Nikolaus aus Zuckerschrift verzieren.

Lasst uns froh und munter sein

Lasst uns froh und munter sein
und uns recht von Herzen freu'n.
Lustig, lustig, tralalalala,
bald ist Niklausabend da,
bald ist Niklausabend da.

Dann stell ich den Teller auf,
Niklaus legt gewiss was drauf.
Lustig, lustig ...

Wenn ich schlaf, dann träume ich,
jetzt bringt Niklaus was für mich.
Lustig, lustig ...

Wenn ich aufgestanden bin,
lauf ich schnell zum Teller hin.
Lustig, lustig ...

Niklaus ist ein guter Mann,
dem man nicht genug danken kann.
Lustig, lustig ...

Weihnachtswellness:
Fühlen Sie sich weihnachtlich wohl

Zimtölbad im Kerzenschimmer

Für die denkbar wunderbarste weihnachtlich duftende Entspannung sollten Sie ein Zimtölbad versuchen. Befreien Sie den Badewannenrand unbedingt vorher von Shampootuben, Duschzubehör und Kinderbadewannenspielzeug. Sie sollen dieses Bad mit allen Sinnen genießen können – also auch mit geöffneten Augen, wenn Sie möchten. Außerdem schaffen Sie so Platz für Kerzenständer oder Teelichter, die für schummeriges, weiches Wohlfühllicht sorgen. Verwandeln Sie ruhig das ganze Badezimmer in einen kerzenbeschienenen Lichtertempel – das lohnt sich selbst für ein kurzes Bad, das so zu einem besonderen Ereignis wird und Sie aus dem Alltag katapultiert. Legen Sie ein besonders kuscheliges Handtuch bereit. Verrühren sie einige Tropfen Zimtöl in einem Schüsselchen mit drei Esslöffeln Sahne, bevor sie es ins Badewasser geben, sonst verteilt sich das Öl nicht, sondern bildet einen Ölteppich auf dem Wasser. Wenn Sie nicht müde werden wollen, sollten Sie nicht über 37 °C baden, wenn Sie entspannen möchten und Müdigkeit eine willkommene Begleiterscheinung ist, können Sie ruhig in über 38 °C warmes Wasser eintauchen. Versuchen Sie sich nur auf das wohlige Gefühl, die Leichtigkeit Ihres Körpers im Wasser und den Zimtduft zu konzentrieren – der weihnachtliche Erledigungsstress muss vor der Badezimmertür bleiben, in Ihrem Badetempel soll nur Platz für weihnachtliche Glücksgefühle sein!

Tipp:

Wenn Zimt nicht so sehr Ihr Fall ist, nehmen Sie einige Tropfen Vanilleöl. Zehn Tropfen Aromaöl sind übrigens die Obergrenze für ein Vollbad, wenn Sie keine Hautreizungen in Kauf nehmen möchten. Statt mit einem Schuss Sahne können sie das Öl auch mit etwas Honig oder Milch verrühren.

Zeit für mich

Von Advents- oder Weihnachtsgefühlen keine Spur, obwohl Sie eigentlich die ganze Zeit damit beschäftigt sind, für Weihnachten irgendetwas zu erledigen? Gerade in der Adventszeit denken Sie viel an andere und haben tausend Dinge gleichzeitig im Kopf. Nehmen Sie sich zwischendurch aber immer mal wieder die Zeit, auch an sich zu denken und ein bisschen zur Ruhe zu kommen. Das muss gar nicht lange sein – manchmal reichen einige Minuten für eine kleine Entspannungsübung – kann es aber! Und sollte es manchmal auch, zum Beispiel, wenn Ihre Akkus nach einigen aufreibenden Tagen einfach leer sind und Sie nur noch freudlos funktionieren. Geben Sie die Kinder ruhig mal zu den Großeltern oder Freunden, auch wenn Sie gar nichts für die Allgemeinheit zu erledigen haben, sondern „nur" etwas für sich tun möchten, zum Beispiel ein Weihnachtsbad zelebrieren, ohne dass ständig irgendwer bei Ihnen auf der Bademattte steht. Das Schöne daran ist ja gerade, dass Sie sich diese Mußezeit eigentlich nicht leisten können – ein bisschen Regelübertretung im ansonsten perfekt durchgetimten Alltag tut einfach gut und hinterher klappt eigentlich alles besser, weil Sie es mit etwas mehr Leichtigkeit und Freude tun.

Lächeln gegen den Weihnachtsstress

Ein ganz alter, einfacher Entspannungstrick, den Sie jederzeit und überall anwenden können, ist das „innere Lächeln". Schließen Sie kurz die Augen und nehmen Sie einige Atemzüge lang ganz bewusst Ihre Atmung wahr. Wenn es die Situation erfordert, können Sie die Augen sogar auch auflassen. Lassen Sie jetzt in sich ein Lächeln wachsen. Nehmen Sie ruhig in Gedanken etwas zu Hilfe, über das Sie in letzter Zeit gelacht haben, oder erinnern Sie sich an eine schöne Situation. Nach so einem inneren Lächeln werden Sie der nächsten genervten Verkäuferin oder den obligatorischen Dränglern in der Straßenbahn gewiss etwas gelassener begegnen können.

Und wenn Sie sogar sichtbar lächeln und die Mundwinkel nach oben ziehen, wird dem Gehirn durch Muskeldruck auf einen Nerv in der Wange signalisiert, dass es die Produktion von Stresshormonen runterfahren kann: ein Glücksfall für Sie und für den Menschen im Weihnachtsgewimmel, dem Sie Ihr Lächeln geschenkt haben.

Den Kiefer lockern

Achten Sie beim Weihnachtseinkauf zwischendurch mal auf Ihren Kiefer. Bei Anspannung und Stress beißen viele Menschen die Zähne zusammen. Das kann unbemerkt zur Dauerhaltung werden und verspannt den Nacken. Lockern und entspannen Sie immer wieder zwischendurch bewusst den Kiefer.

Verspannungen wegatmen

Wenn Ihnen zum Beispiel die Schultern vom Tragen schwerer Weihnachtseinkäufe oder die Füße nach stundenlangen Märschen durch die Stadt wehtun, versuchen Sie in einer Entspannungspause – idealerweise im Liegen – die Verspannungen wegzuatmen. Schließen Sie die Augen und atmen Sie bewusst ein und aus. Wenn Sie einen ruhigen, konzentrierten Atemrhythmus gefunden haben, stellen Sie sich vor, Sie könnten den Schmerz lindern, indem Sie Ihren Atem beim Ausatmen in die entsprechende Richtung leiten. Atmen Sie richtig in die verspannte Stelle hinein.

Gewürzmilch

Würzen Sie ein Glas mit lauwarmer Milch mit etwas Kardamom – das ist ein Stresskiller und hilft Ihnen beim Einschlafen.

Shake mit Honig und Kardamom

Unterbrechen Sie doch mal kurz ihr weihnachtliches Erledigungsprogramm zu Hause und gönnen Sie sich in einer kleinen Pause diesen Fitmacher.
Zu gleichen Teilen Vollmilch-Jogurt und Orangensaft mischen und mit einem Teelöffel Honig und einer Prise Kardamompulver gut verrühren.
Das schmeckt nicht nur köstlich, sondern hilft auch besonders der stressanfälligen Haut, sich zu erholen.

Verdauungstee aus Zitronengras

Dieser Tee hilft sanft, wenn man – was genauso zur Weihnachtszeit gehört wie die Vorsätze, es diesmal aber ganz anders zu machen – zu gut und zu viel gegessen hat: Einen Teelöffel Zitronengras in eine Tasse geben, mit kochendem Wasser überbrühen und acht Minuten ziehen lassen – vor allem abends eine Wohltat.

Duftiges Raumklima

Es geht aber auch viel unaufwändiger: Suchen Sie doch mal in den umfangreichen Duftöl-Sortimenten nach Ihrem Lieblingsweihnachtsduft. Nicht jeder ist aber ein Fan von den kleinen Duftöllämpchen, in denen das Öl durch ein Teelicht erwärmt wird. Um den Duft angenehm in der Raumluft zu verbreiten, können Sie aber auch Ihren Heizungskörper nutzen. Füllen Sie ein nicht zu großes Gefäß mit Wasser und stellen Sie es auf die Heizung. Dort hinein geben Sie ein paar Tropfen Ihres weihnachtlichen Lieblingsgeruchs, der dann bald ganz sanft in Ihrer Wohnung schwebt. Herrlich ist zum Beispiel Orange: frisch und doch stimmungsvoll, experimentieren Sie mit Nelken- und Zimtöl oder versuchen Sie Tanne, wenn dieser Geruch Ihnen genau das Raumklima verschafft, das zu Ihrem Weihnachtsglück gehört.

Pomanderbälle

Nelken, Zimt, Kardamom, Zitrusfrüchte & Co.: Weihnachtsduft trägt erheblich zu unserem Weihnachts(wohl)gefühl bei. Ein Klassiker unter den weihnachtlichen Duftspendern – und das zu Recht – sind Pomanderbälle: mit Gewürznelken besteckte Orangen oder Zitronen. Spicken Sie eine oder mehrere schön geformte Apfelsinen mit Nelken. Dabei können Sie dekorative Muster formen: Herzen, Sterne und Streifen oder Sie verstreuen die Nelken einfach in schöner Regelmäßigkeit über die ganze Orange. Zum Aufhängen schlingen Sie ein nicht dehnbares Band um die Orange und stecken es nahezu unsichtbar mit einigen Stecknadeln fest.

Gute Nacht für Sie und Ihre Füße

Sie haben einen anstrengenden Einkaufstag hinter sich, Ihre Füße tun weh und Sie sind so angespannt, dass Sie bestimmt wieder ewig wachliegen, bevor Sie einschlafen können? Helfen Sie sich und Ihren Füßen mit einer uralten Anwendung in den erholsamen Schlaf: Im Wasserbad erwärmen Sie ein wenig Sesamöl. Mit dem lauwarmen Öl massieren Sie nun ausgiebig Ihre Füße, ziehen weiche Socken drüber und kuscheln sich sofort ins Bett. Sie werden sich wundern, wie schnell und wohlig der Schlaf zu Ihnen kommt.

Tee-Kompressen gegen Greiztheit

Stress macht gereizt, leider auch die Haut. Ein kleines, simples Stress-weg-Programm dauert nur eine Viertelstunde und entspannt und reinigt bis in die letzte Pore. Brühen Sie einen Teelöffel unaromatisierten Schwarztee mit einer heißen Tasse Wasser auf, lassen Sie ihn 15 Minuten ziehen und dann abkühlen. Verteilen Sie mit dem Tee getränkte Wattepads auf Ihrem Gesicht und ruhen Sie sich so eine Viertelstunde aus.

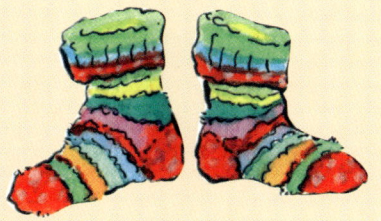

Traumreisen für Ihre Entspannung

Nicht nur Kinder können bei Traumreisen zur Ruhe finden. Nutzen Sie das Potenzial Ihrer Fantasie auch für sich selbst: Tagträume können Ihnen helfen, aus der vorweihnachtlichen Stressspirale auszusteigen und sich zu erholen. Machen Sie es sich bequem auf dem Sofa oder auf dem Bett, wichtig ist nur, dass Sie sich an diesem Ort und in dieser Position wohl fühlen und einige Minuten ungestört verbringen können. Schließen Sie die Augen und beginnen Sie sich zu entspannen. Dabei hilft Ihnen, ein paar Mal bewusst ein- und auszuatmen und zu spüren, wie Ihr Körper auf der Unterlage aufliegt. Und nun rufen Sie sich eine besonders schöne Erinnerung ins Gedächtnis und tauchen ganz tief darin ein. Wenn sie wollen, können Sie sich in die Weihnachtswunderwelt Ihrer Kindheit hineinträumen. Vielleicht wollen Sie aber viel lieber einen Moment aussteigen aus dem heimischen Winter und in die sonnendurchflutete Atmosphäre Ihres letzten Sizilienurlaubs eintauchen. Wohin auch immer Sie sich von Ihrer Fantasie treiben lassen: Ort und Begebenheit sollten rundherum positiv

besetzt sein. In Ihrer Weihnachtswunderwelt gibt es keinen Einkaufsstress und in Ihrem Urlaub keinen Streit. Wenn Sie merken, dass sich vor Ihren sonnigen Lieblingsplatz in Sizilien immer das beleidigte Gesicht Ihres Partners schiebt, verreisen Sie lieber an einen anderen Ort und lassen Sie die schönen Bilder in aller Ruhe vor Ihrem inneren Auge ablaufen.

Musik

Sie können selbstverständlich bei Ihren Traumreisen entspannende Musik hören, die es Ihnen vielleicht leichter macht, die nötige Ruhe zu finden, um sich auf einen Tagtraum einzulassen. Wobei es natürlich ganz Ihnen überlassen ist, welche Musik Sie als entspannend oder der Stimmung Ihrer Reise förderlich empfinden. Sie müssen aber keinesfalls Musik laufen lassen. Gerade in der Weihnachtszeit ist man in Läden und Radio dermaßen massiver, oft als unangenehm empfundener Dauerbeschallung durch weihnachtliche Lieder ausgesetzt, dass man sich hin und wieder einen angenehmen Moment gänzlicher Ruhe gönnen sollte.

Weihnachts-Fantasiereise

Wenn für Sie der Morgen des ersten Weihnachtsfeiertags zum Beispiel immer besonders schön war, dann durchleben sie dieses weihnachtliche Vergnügen in Ihrer Fantasie.

Gehen Sie in Gedanken den Weg von Ihrem Kinderbett ins Wohnzimmer. Spüren Sie, wie weich sich der Teppich unter ihren nackten Füßen anfühlt. Die anderen schlafen noch, Sie haben etwas Zeit für sich, bevor das geschäftige Treiben wieder beginnt. Gleich werden Sie ins Wohnzimmer kommen, wo der bunt geschmückte Christbaum und Ihre Geschenke auf Sie warten. Spüren Sie, wie aufgeregt Sie sind? Schauen Sie genau hin und freuen Sie sich darüber, dass Ihr selbst gebastelter Stern auf der Spitze prangt. Die Krippe steht am selben Platz wie immer. Nehmen Sie Ihre Lieblingsfigur in die Hand und betrachten Sie sie, bevor Sie sie wieder zurückstellen. Danach können Sie sich in Ruhe Ihren Geschenken zuwenden. Spüren Sie der Freude nach, die Sie empfinden, wenn Sie erst den Stapel und dann einzelne Geschenke sehen. Lassen Sie die Erinnerung an den vorangegangenen Weihnachtsabend in sich hochsteigen, an die zappelige Aufregung, als alle vor dem Weihnachtszimmer standen und auf das Bimmeln des Glöckchens gewartet haben: an das riesengroße Glücksgefühl, als Sie gesehen haben, dass ein Paket unterm Weihnachtsbaum genau die Form und Größe Ihres allergrößten Herzenswunschs hatte. Vielleicht haben Sie Weihnachtslieder gesungen? Wie hat sich das angehört? Mussten wieder alle kichern bei „Oh du fröhliche"? ...

Gönnen Sie sich ein breites Lächeln bei dieser Erinnerung und nehmen Sie es in die Gegenwart mit. Bleiben Sie noch etwas liegen und lassen Sie Ihre Gedanken zwischen Gegenwart und Vergangenheit auspendeln, bis Sie ganz entspannt und heiter im Hier und Jetzt angekommen sind.

Persönliches Sofortprogramm:
Ich tu was für mein Weihnachtsgefühl

Jetzt ist schon der 23. Dezember und vor lauter Stress hat sich bei Ihnen noch nicht das winzigste Weihnachtsgefühl eingestellt? Tun Sie ganz gezielt etwas für sich! So viel Zeit sollte Ihnen Ihre eigene Stimmung wert sein – für das Weihnachtsglück anderer sorgen Sie ja schon die ganze Zeit.

Kardamom-Nelken-Fußbad

Gönnen Sie Ihren strapazierten Füßen und Ihrer Seele eine Wohltat: Nehmen Sie ein duftendes Fußbad und massieren Sie danach den Stress aus. Überbrühen Sie einige grüne Kardamomkapseln in einem Fußbad-tauglichen Gefäß mit heißem Wasser, verrühren Sie einige Tropfen Nelkenöl mit einem Esslöffel Honig und geben sie diese Mischung ins Wasser. Füllen Sie kaltes Wasser in eine schöne Karaffe. Mit einem molligen Handtuch und einer gut duftenden Creme ziehen Sie sich in eine gemütliche Ecke zurück, dimmen das Licht und lassen sich eine halbe Stunde durch nichts und niemanden stören. Mit dem kalten Wasser aus der Karaffe können Sie vor Ort (ohne einen weiteren stimmungstötenden Gang in die Küche oder das Bad) genau die richtige Temperatur für Ihr Fußbad mixen. Schließen Sie die Augen und lassen Sie sich ganz auf den Geruch von Kardamom und Nelken ein. Trocknen Sie nach dem Bad die Füße mit dem weichen Handtuch sorgfältig ab – tupfen Sie jede Ritze zwischen den Zehen aus und lassen Sie die Füße noch ein bisschen an der Luft nachtrocknen. Spreizen und recken Sie dabei die Zehen, ein Fuß kann sich räkeln wie ein ganzer Körper. Mit einer angenehmen Creme (ganz köstlich und vitalisierend ist ätherisches Orangen- oder Zitronenöl in eine neutrale Creme gemischt) massieren und kneten Sie jetzt Ihre Füße, bis die sich pudelwohl fühlen. Optimal läuft Ihr Entspannungsprogramm, wenn Sie jetzt noch auf dem Sofa rumschwenken und die Füße hochlegen können. Vielleicht ist dies der richtige Moment für eine Fantasiereise in die Weihnachtszeit Ihrer Kindheit (S. 33).

Duftkerzen

Duftkerzen mit weihnachtlichen Gerüchen zaubern schnell und unaufwändig Weihnachtsstimmung in Ihr Zimmer. Das Prinzip kennen Sie vielleicht vom guten alten Räuchermännchen, das für viele allerdings ein bisschen zu stark aufträgt. Duftkerzen sind die etwas dezentere Alternative.

Weihnachtskaffee

Wollen Sie sich gerade einen Kaffee kochen, um den ganzen Rummel durchzuhalten, dann gönnen Sie sich doch die köstliche weihnachtliche Variante:
Träufeln Sie nach Belieben etwas Rum auf den Boden einer besonders schönen Tasse. Streuen Sie zwei Nelkenblüten ein und gießen Sie die Tasse mit starkem Kaffee auf. Auf die Untertasse oder quer obendrauf legen Sie eine Zimtstange zum Umrühren.

Genießen Sie Ihren Kaffee in Ruhe, schließen Sie zwischen den Schlucken immer wieder die Augen und denken Sie an etwas Schönes.

Tipp

Wem der Weihnachtskaffee zu aufwändig ist, der kann auch einfach eine Prise Zimt oder Kardamom ins Kaffeepulver mischen.

Weihnachtstee

Teetrinker können auf ein riesengroßes Angebot an Tees mit weihnachtlichen Aromen zugreifen – mit knackendem Kandis genossen ein wahres Fest für die Sinne.

Glücklichmacher

Schokolade macht tatsächlich glücklich! Lassen Sie ein großes Stück Weihnachtsschokolade langsam im Mund zergehen und spüren Sie, wie die Süße sich breit macht und Ihre Stimmung hebt.

Duftende Körperpackung: Luxus pur

Verrühren Sie die besonders reichhaltige grüne Tonerde (aus dem Reformhaus oder der Apotheke) zu gleichen Teilen mit Wasser und mischen Sie einige Tropfen Ihres Lieblingsöls ein. Ätherisches Zimtöl zum Beispiel wirkt zusätzlich stresshemmend und Orangenöl macht einfach gute Laune. Den vitalisierenden cremigen Brei tragen Sie mit den Händen auf den Körper, beispielsweise aufs Dekolletee, auf und lassen ihn 20 bis 30 Minuten einwirken. Setzen Sie sich dazu beispielsweise mit einem spannenden Schmöker auf einen Hocker ins gut beheizte Bad. Oder geben Sie sich einer ausführlichen Maniküre hin. Nach dem Abduschen werden Sie sich wunderbar frisch fühlen.

Tipp

Die meisten dieser Vorschläge lassen sich auch problemlos mit Ihren Kindern gemeinsam verwirklichen. Entscheiden Sie nach Lust und Laune! Seien Sie jedoch vorsichtig bei der Verwendung von ätherischen Ölen, vor allem Kinder können sehr sensibel darauf reagieren.

Weihnachtliche Leckereien

Der richtige Moment

Eben haben Sie das erste Blech duftender Weihnachtsplätzchen aus dem Ofen gezogen? Zeit, die ganze Familie zusammenzutrommeln und diesen Moment, die ersten Plätzchen und die Bäcker(innen) hochleben zu lassen. Jeder darf probieren und mit geschlossenen Augen den unvergleichlichen Geschmack der jahresersten Plätzchen auf der Zunge zergehen lassen. Sie schmecken nie so köstlich wie gerade in diesem Moment, wenn noch keiner vom reichhaltigen Angebot weihnachtlicher Leckereien überfüttert ist.

Dieses kleine Familienritual setzt natürlich voraus, dass Sie sich dem hartnäckigen Versuch der Supermarktketten, die Weihnachtssaison im September oder Oktober einzuläuten, erfolgreich widersetzt haben. Denn wer schon seit Wochen Lebkuchengeschmack im Mund hat, wird keine umwerfenden weihnachtlichen Geschmackserlebnisse bei den ersten selbst gebackenen Plätzchen haben. Dabei lohnt dieser Moment das Warten allemal!

Wenn Sie ihn als Beginn der Adventszeit für sich und Ihre Familie empfinden, dann verstärken Sie den Augenblick auf ganz individuelle Art und Weise doch noch ein bisschen. Zum Beispiel, indem Sie die Plätzchen auf der immer gleichen, besonders schönen oder geerbten Kuchenplatte anrichten oder beim Probieren zum ersten Mal die Familien-Weihnachts-CD hören.

Backorgien mit Nebenwirkungen

Heute ist Ihr erster Weihnachtsbacktag. Die Plätzchendosen stehen schon auf dem Tisch bereit, um mit den Traditionsplätzchen der Familie gefüllt zu werden. In der Küche stapeln sich Pakete und Päckchen mit Zucker, Mehl, Mandeln und Gewürzen. Am liebsten möchten Sie alle Sorten an einem Tag backen und jedes Jahr nehmen Sie sich wieder zu viel auf einmal vor. Hinterher sind Sie kaputt und – um 12 Uhr nachts, wenn Sie das letzte Blech in den Ofen schieben – außerstande, sich noch über die gelungenen Plätzchen zu freuen und weniger gelungene gelassen hinzunehmen. Und wenn Sie mit Kindern backen, kommt sowieso jedes routinierte Timing ins Wanken. Bevor Sie ganz die Freude am alljährlichen Backfest verlieren, atmen Sie schon bei der Planung tief durch und trennen Sie sich von dem ein oder anderen lieb gewordenen Plätzchen: Lieber am Schluss eine Sorte weniger in den Dosen und dafür mehr Freude beim gemeinsamen Backen haben! Schließlich kann man im Freundes- und Familienkreis eine florierende Plätzchentausch-Börse aufziehen: Tausche ein Tütchen Vanillekipferl gegen Kokosmakronen ...

Gewürzbrot aus Holland

Unsere niederländischen Nachbarn haben Gewürzbrotrezepte, die einfach wunderbar weihnachtlich schmecken. Versuchen Sie mal dieses. Sie brauchen:

50 g gehackte Walnüsse (wahlweise Mandelstifte)
125 g gehackte Schokolade (wahlweise Apfelstückchen)
75 g kandierter Ingwer (fein gewürfelt)
225 g Rübensirup
75 g Butter
125 ml Milch
3 Eier
500 g Mehl
1 Päckchen Backpulver
15 g Pfefferkuchengewürz

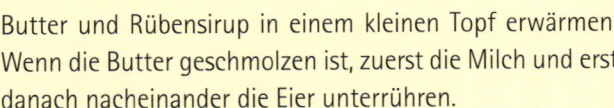

Butter und Rübensirup in einem kleinen Topf erwärmen. Wenn die Butter geschmolzen ist, zuerst die Milch und erst danach nacheinander die Eier unterrühren.

Das Mehl mit dem Backpulver, einer Prise Salz und dem Pfefferkuchengewürz in eine Schüssel sieben und mit der Zutatenmischung aus dem Topf zu einem glatten Teig verkneten. In einer gefetteten Kastenform bei 140 °C im vorgeheizten Backofen auf der zweiten Schiebeleiste von unten 75 Minuten backen (Umluft: 130 °C, 85 Minuten).

Christstollen: die Tradition

Als Inbegriff des Weihnachtsgebäcks gilt in Deutschland der Christstollen. Seine längliche Laibform stellt wohl das Christkind dar, durch die Puderüberzuckerung in reine weiße Windeln gewickelt. Es gibt unzählige Stollenrezepte, deren Zutaten man vor allem entnehmen kann, ob sie in guten oder schlechten Jahren entstanden sind, bei armen Leuten oder in reichen Klöstern gebacken wurden. Der Rezeptbestandteil Schweineschmalz, den Sie vielleicht kennen, ist zum Beispiel keine geschmackliche Raffinesse, sondern Notwendigkeit: Er diente ärmeren Menschen als Butterersatz. In Kriegsjahren kam die Einfuhr von Gewürzen und Rosinen zum Erliegen und Grundbestandteile wie Mehl, Butter und Zucker waren knapp.

Weihnachtsgewürze: die Tradition

Weihnachtsgebäck ist traditionell reich gewürzt: Gewürznelken, Kardamom, Muskat, Zimt usw. waren im Mittelalter über die Maßen kostbar, sie mussten von weit her auf gefährlichen Wegen importiert werden und wurden deshalb natürlich besonders dem festlichen Anlass Weihnachten gerecht. Pfeffer war der Sammelbegriff für all die exotischen Gewürze; diesem Umstand verdanken z. B. die Pfefferkuchen ihren Namen. Dem „Pfeffer" kam aber zusätzlich eine ganz profane Aufgabe zu: Die kräftigen Gewürze sollten den schlechten Geschmack ranziger Butter, stinkenden Rübenöls oder ungereinigten Zuckers überdecken, denn die Konservierungs- und Bearbeitungsmöglichkeiten waren eben nicht so ausgefeilt wie heute.

Sternenglanz am Teetisch

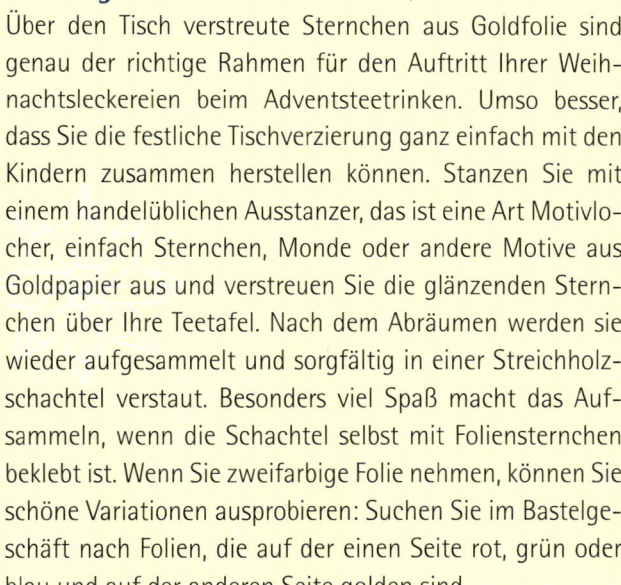

Über den Tisch verstreute Sternchen aus Goldfolie sind genau der richtige Rahmen für den Auftritt Ihrer Weihnachtsleckereien beim Adventsteetrinken. Umso besser, dass Sie die festliche Tischverzierung ganz einfach mit den Kindern zusammen herstellen können. Stanzen Sie mit einem handelüblichen Ausstanzer, das ist eine Art Motivlocher, einfach Sternchen, Monde oder andere Motive aus Goldpapier aus und verstreuen Sie die glänzenden Sternchen über Ihre Teetafel. Nach dem Abräumen werden sie wieder aufgesammelt und sorgfältig in einer Streichholzschachtel verstaut. Besonders viel Spaß macht das Aufsammeln, wenn die Schachtel selbst mit Foliensternchen beklebt ist. Wenn Sie zweifarbige Folie nehmen, können Sie schöne Variationen ausprobieren: Suchen Sie im Bastelgeschäft nach Folien, die auf der einen Seite rot, grün oder blau und auf der anderen Seite golden sind.

Tipp:

Auch ohne speziellen Motivlocher ist eine solche Tischdekoration kein Problem. Legen Sie einen Bogen Goldfolie auf ein dickes Handtuch und drücken Sie Plätzchenausstecher in Sternform auf die Folie. So bekommen Sie gleichmäßige Umrisse, die Sie ausschneiden können.

Englische „Bratäpfel"

Wussten Sie, dass gebackene Quitten sozusagen die englischen Bratäpfel sind? Zubereitet werden sie ähnlich wie diese: Die gut abgeschrubbten, mit Butter eingeriebenen Quitten werden (mit Kernhaus) auf einem Blech bei mittlerer Hitze gebacken, bis sie weich sind. Dann werden sie aufgebrochen, mit Zucker und Zimt bestreut und mit eiskalter Schlagsahne oder Vanillesoße ausgelöffelt.

Gebackene Quitten in Sirup

Probieren Sie in Anlehnung an die englische Tradition an einem Adventssonntag mal dieses köstliche orientalische Quittenrezept aus. Für acht Portionen brauchen Sie vier Quitten, die Sie halbieren und dann gründlich von Kerngehäuse und holzigen Teilen befreien. Kochen Sie 300 g Zucker (wahlweise eine Mischung aus weißem und braunem Zucker) mit einem halben Liter Wasser auf. Der Zucker muss sich vollständig gelöst haben, bevor Sie den Saft einer Zitrone, 3 Nelken und eine Zimtstange dazugeben. Legen Sie die Quittenhälften in den Sirup und lassen Sie sie bei mittlerer Hitze ca. 10 Minuten darin köcheln. Jetzt legen Sie die Quitten mit der Schnittfläche nach oben in eine Auflaufform und gießen den Sirup darüber. Im auf 200 °C vorgeheizten Ofen müssen die Quitten nun 1 Stunde auf der mittleren Schiene garen, bevor Sie – abgekühlt, denn erst so entfalten die Quitten ihr unvergleichbares Aroma – mit Zimtsahne oder Honig-Mascarpone serviert werden.

Persönliches Sofortprogramm: Zuckergussfest

Wenn Sie dieses Jahr überhaupt nicht dazu kommen, selbst zu backen, um mit den Kindern dann die liebevoll ausgestochenen Plätzchen zu verzieren, lassen Sie das Backen doch einfach mal weg und dekorieren Sie nur! So muss trotz Zeitknappheit keiner auf das weihnachtliche Gemeinschaftsgefühl beim Herstellen der Familien-Plätzchen verzichten. Kaufen Sie in der Bäckerei „neutrale", unglasierte Plätzchen, Heidesand zum Beispiel. Und dann veranstalten Sie mit den Kindern ein richtiges Dekorationsfest mit Zuckerguss, bunten und Schoko-Streuseln und allem, was das Herz begehrt. Wenn die Plätzchen hinterher stolz in den Plätzchendosen verstaut werden, haben alle garantiert schon vergessen, dass es ja „nur" gekaufte Plätzchen sind.

Familieninseln im Advent

Weihnachtsschatzkästchen

Haben Sie auch eine große Schachtel mit Advents- und Weihnachtsschmuck, die Sie irgendwann zu Beginn der Adventszeit hervorkramen? Dann kennen Sie das aufregende Gefühl, wenn Sie die Schachtel gespannt öffnen und Ihre Weihnachtsschätze sichten. Warum machen Sie daraus nicht ein Adventserlebnis für die ganze Familie? Jedes Familienmitglied bekommt sein eigenes Weihnachtsschatzkästchen. Besprühen Sie Schuhkartons mit Goldlack und lassen Sie jedes Kind seine Schachtel weihnachtlich schmücken und bekleben: mit Bildern, mit Borten, mit Foliensternen usw. Innen werden die Kistchen am besten mit aufregend knisterndem Seidenpapier in weihnachtlichem Rot ausgelegt. Zum Schluss kleben Sie am Boden unter der Schachtel Geschenkband fest, sodass das Kästchen oben überm Deckel mit einer Schleife geschlossen werden kann. Natürlich wird jedes Schatzkästchen mit dem Namen seines Besitzers beschriftet.

Während der Advents- und Weihnachtszeit stehen die Kästchen auf einem besonderen Platz und werden nach und nach mit den kleinen und großen Adventserrungenschaften gefüllt: Dinge, die im Adventskalender waren, ein Glöckchen, Weihnachtsbasteleien, sofern sie nicht die Wohnung schmücken, Nüsse aus dem Nikolausstiefel und alles, was das Kind als Weihnachtsschatz betrachtet. Wenn im neuen Jahr der Weihnachtsbaum abgetakelt und aus der Wohnung der weihnachtliche Schmuck entfernt wird, füllt jedes Kind in seine Weihnachtsschachtel, was es fürs nächste Jahr aufheben will. Selbst gebastelte Weihnachtssterne, eine lustige Weihnachtskarte, Fundstücke von einem Waldspaziergang, Christbaumanhänger usw.

Wenn im nächsten Jahr der große Moment gekommen ist, an dem die Wohnung weihnachtlich geschmückt werden soll, gehen Sie alle zusammen an den Ort, wo die Schatzkästchen verwahrt werden. Jedes Kind trägt seine eigene Schachtel zum Tisch und dann werden feierlich die Bänder geöffnet und die Weihnachtsschätze bestaunt.

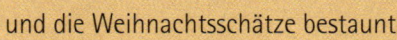

Inseln der Gemeinsamkeit schaffen

In der Weihnachtszeit spüren die meisten Menschen das Bedürfnis nach Ruhe und haben den Wunsch, Zeit mit ihrer Familie und ihren Freunden zu verbringen. Auf der anderen Seite ist aber selten so viel zu erledigen wie gerade im Advent: Plätzchen backen, Weihnachtspost schreiben, Geschenke einkaufen, Besuche machen und vieles mehr. Und das alles noch neben dem normalen Alltagsstress! So zerrissen fällt es oft ganz schön schwer, die Adventszeit zu genießen. Machen Sie doch, wo es geht, aus der Pflicht eine Kür und erledigen Sie einige Dinge in Ruhe gemeinsam mit anderen Familienmitgliedern. Sie können und müssen nicht alles alleine auf Ihre Schultern nehmen. Überlegen Sie, welche Zeitkiller Sie von Ihrer Liste streichen können. Schon in einem Weihnachtsbuch aus den frühen 1970er Jahren empfiehlt die Autorin, auf den Weihnachtsputz zu verzichten. Sägen Sie kritisch an Ihren perfekten Ansprüchen, Sie können keine zusätzliche Zeit herbeizaubern! Aber Sie können bewusst kleine familiäre Inseln schaffen, die Ihnen helfen, Ruhe und Adventsfreude zu finden.

Das Familien-Adventsbuch

Wer sagt denn, dass es bei Weihnachtsgeschichten immer um Weihnachten gehen muss? Kaufen oder leihen Sie sich speziell für die Adventszeit ein Vorlesebuch, auf das alle Lust haben; für Viellese-Familien einen richtig schönen dicken Schmöker, wem weniger Zeit zum Lesen bleibt, der kommt mit einem schmaleren Band durch den Advent. Denn das ist das Besondere an diesem Buch: Es soll Sie durch den ganzen Advent begleiten. Wenn es zu Ende ist, steht Weihnachten vor der Tür. Schaffen Sie nachmittags oder abends eine gemütliche Vorlesesituation und kuscheln Sie sich alle bequem zusammen. Helles Licht scheint nur aufs Buch, ansonsten sorgen ein paar Kerzen für gemütliche Stimmung.

Weihnachtskarten als Familienangelegenheit

Machen Sie die Weihnachtspost doch zur Familienangelegenheit. So erledigen Sie auf schöne Art und Weise etwas, das Sie sonst womöglich alleine und vielleicht zunehmend schlecht gelaunt „abgearbeitet" hätten. Überlegen Sie gemeinsam, wer alles einen Weihnachtsgruß bekommen soll. Ein Kind kann eine Liste erstellen, auf der die Namen der Empfänger bereits abgeschickter Karten später durchgestrichen werden. Wenn Sie beschließen, selbst Karten zu gestalten, berücksichtigen Sie die Gestaltungswünsche und -möglichkeiten der Kinder: das Bemalen, Bekleben und Bestempeln (Kartoffeldruck) der Karten soll zu einem entspannten Bastelereignis in der Adventszeit werden. Perfektion steht dabei im Hintergrund. Überlegen Sie gemeinsam, was Sie schreiben möchten und verteilen Sie die Aufgaben: Briefmarken aufkleben können schon kleine Kinder und es macht ihnen Spaß, beteiligt zu sein. Ältere Kinder können Adressen schreiben, um die wiederum Jüngere mit Buntstiften farbige Kästen malen. Und dann werden die fertigen Karten bei einem gemeinsamen Spaziergang zum Briefkasten getragen.

Hurra, Weihnachtspost

Sie können nicht nur das Versenden der Weihnachtspost zu einem Familienereignis machen, sondern auch den Empfang. Warten Sie auf jeden Fall, bis alle Familienmitglieder zu Hause sind, bevor Sie Umschläge öffnen oder Karten lesen. Nach dem Mittag- oder Abendessen ist ein guter Zeitpunkt, die Post sozusagen als Nachtisch zu servieren und gemeinsam zu lesen. Am schönsten ist es, wenn Weihnachtspost nicht einfach verschwindet, sondern bis zum neuen Jahr an einer durchs Zimmer gespannten Leine oder auf einer Fensterbank zum Bewundern ausgestellt ist.

Weihnachtspost: die Tradition

Wenn Sie zu den Menschen gehören, die Weihnachtspostkarten versenden, sollte Ihnen klar sein, dass Sie damit „eine unanständige Form der Mitteilung" wählen. Als solche empfand zumindest der preußische Generalpostdirektor die „Correspondenzkarte" bei ihrer Einführung im Jahr 1870, weil jedes Dienstmädchen und jeder Briefträger ihren Inhalt lesen konnte. Die speziell mit Weihnachtsmotiven bedruckte Postkarte ist bereits in den 1840er Jahren in Großbritannien erfunden worden und hat sich seither als fester Weihnachtsbrauch in der ganzen Welt etabliert.

Weihnachtspinnwand

Haben Sie eine Pinnwand zu Hause? Gestalten Sie die doch mal weihnachtlich um. So wird sie zum Mittelpunkt weihnachtlichen Mitteilungsbedürfnisses. Hier werden Weihnachtskarten ausgestellt und Wunschzettel für alle sichtbar aufgehängt. Hier ist der richtige Platz für Listen mit Aufgaben für alle Familienmitglieder, die vor Weihnachten zu erledigen sind. Und hier ist natürlich das Rezept für den schnellen Weihnachtspunsch zu finden!

Sie können die Pinnwand zum Beispiel mit rotem Stoff, am schönsten ist Samt, beziehen und außen herum mit einem kitschigen Goldlamettaband aus dem Kaufhaus schmücken. Oder Sie nehmen einen bunten Baumwollstoff und Holzgirlanden oder Tannengrün, wenn Sie Naturmaterialien bevorzugen.

Ferienbeginn

Vielleicht haben Sie auch in den besorgungsreichen Tagen kurz vor Heiligabend die Gelegenheit, alle zusammen das Familienmitglied von der Arbeit oder Schule abzuholen, das am längsten arbeiten oder lernen muss. So machen Sie ein gemeinsames Fest aus dem Ferienbeginn. Alle spüren, dass jetzt Weihnachten beginnt und endlich Zeit vorhanden ist, miteinander die Zeit bis ins neue Jahr zu genießen. Ein Gang über den Weihnachtsmarkt könnte so einen Ferienbeginn abrunden. Genauso gut möglich ist es, den letzten Heimkehrer mit einem besonders schönen Adventsteetrinken zu Hause willkommen zu heißen und die Weihnachtszeit einzuläuten.

Streit-weg-Ritual

Sie kennen wahrscheinlich den (eigentlich englischen) Brauch, Mistelzweige aufzuhängen und sich zu küssen, wenn man sich darunter begegnet. Ursprünglich dienten in einem Opferritus gesegnete Mistelzweige dazu, die bösen Geister zu vertreiben. Feinde, die sich unter einem Mistelzweig begegneten, umarmten sich. Machen sie Ihre Familie mit diesem Brauchtum vertraut und schaffen Sie mit einem in einer Tür aufgehängten Mistelzweig einen Ort des Friedens und der Versöhnung in Ihrer Wohnung. In der Weihnachtszeit können so kleine Streitereien – die bösen Geister des Familienfriedens – vielleicht leichter beigelegt werden.

Unersetzlich: Adventsteetrinken

Wenn Sie sich in der Adventszeit regelmäßig zu einem Tee-stündchen zusammensetzen, während dem erzählt, gelacht und eventuell sogar gesungen und gebastelt wird, ist mangelnde Weihnachtsstimmung bei Ihnen bestimmt kein Thema. Eine halbe Stunde hin und wieder reicht schon aus, wenn Sie diese entsprechend weihnachtlich zelebrie-ren: mit Plätzchen und knisterndem Kandis im Tee, mit Nüsseknacken und Weihnachtsplänen oder vielleicht mit einem leckeren Früchtepunsch aus mit Honig gesüßtem Früchtetee, in dem Sie eine Zimtstange einige Minuten zie-hen lassen. Ausgepresster Orangen- und Zitronensaft run-den den Geschmack ab. Sehr lecker schmecken zusätzliche Orangenstückchen in diesem Kinderpunsch.

Bilder zum Wegfuttern

Legen Sie mit den Kindern aus all den leckeren Dingen, die Sie zum Adventstee essen möchten, vorher ein großes Mandala. Ordnen Sie gemeinsam Äpfel, Nüsse aller Art, Mandarinen und Plätzchen auf einem großen Tablett oder einem einfarbigen Tischtuch zu Mustern, Bildern, Spiralen usw.; einfach so, ohne zu planen, wie es sich aus der momentanen Stimmung ergibt. Oder ein Kind darf die Regie übernehmen und bestimmen, welches Muster gelegt wird. Dann dürfen sich alle beim Adventstee oder -Kaffee auf die Leckereien stürzen und aus dem Mandala wegfut-tern, was sie möchten. Was für ein Bild ergibt sich jetzt? Vielleicht kann man mit wenig Umsortieren ein neues, interessantes Bild zaubern?

Mithilfe von Tannenzweigen-Haaren kann man sogar lusti-ge Gesichter legen.

Josef Guggenmos

Am 4. Dezember

Gehe in den Garten
am Barbaratag.
Gehe zum kahlen
Kirschbaum und sag:

Kurz ist der Tag
grau ist die Zeit.
Der Winter beginnt,
der Frühling ist weit.

Doch in drei Wochen,
da wird es geschehn:
Wir feiern ein Fest,
wie der Frühling so schön.

Baum, einen Zweig
gibst du mir von dir.
Ist er auch kahl,
ich nehm' ihn mit mir.

Und er wird blühen
in leuchtender Pracht
mitten im Winter
in der Heiligen Nacht.

Lichterschiffchen für einen Spaziergang

Bereiten Sie während des gemeinsamen Adventsteetrinkens doch mal eine kleine Aktivität für später vor. Denn vielleicht haben nach dem "Stubenhocken" und Plätzchen- und Nüsseessen gleich alle Lust auf etwas Bewegung an der frischen Luft! Stellen Sie beim Teetrinken kleine Walnussschiffchen her, die Sie draußen bei Dämmerung oder Dunkelheit schwimmen lassen können. Einfach geschmolzenes Wachs in die sauber geknackten Walnusshälften füllen, einen kurzen Docht hineindrücken und fest werden lassen. Jetzt können die – natürlich nicht hochseetauglichen – Schiffchen angezündet und in einem Bach, Teich oder zur Not sogar in einer Pfütze zu Wasser gelassen werden. Es sieht wunderschön aus, wenn die leuchtenden Schiffchen im Dunkeln auf dem Wasser treiben.

Barbarazweige holen

Sie sollten sich den schönen Brauch, am 4. Dezember Barbarazweige zu holen, nicht entgehen lassen. Machen Sie einen gemeinsamen Spaziergang, ob der nun zum Blumenhändler oder zu einem Obstbaum führt, ist letztlich egal. Erzählen Sie den Kindern, dass die Zweige, in Wasser gestellt, an Weihnachten blühen sollen: ein kleines Weihnachtswunder, das besonders kleine Kinder mit großer Vorfreude erfüllt. Die Kinder können sich schon auf dem Weg nach Hause überlegen, ob sie ihren Zweig mit einem kleinen Anhänger schmücken möchten.

Persönliches Sofortprogramm: Eine weihnachtliche Insel

Wenn Sie das Gefühl haben, ganz in der Hektik der Vorweihnachtszeit zu versinken und bedauern, bislang keine ruhige Minute für sich und Ihre Familie gefunden zu haben, dann schaffen Sie sofort und ohne Aufwand Abhilfe. Ein bisschen Zeit und am besten ein paar alte Fotoalben sind das Wichtigste, was Sie brauchen. Bitten Sie die Kinder, eine gemütliche Kuschelecke aus Kissen und Decken zu bauen und kochen Sie in der Zwischenzeit für alle Kakao, Tee oder was Sie sonst zur Entspannung mögen. Kommen Sie in der Kuschelecke zusammen und erzählen Sie, wie Advent und Weihnachten früher bei Ihren Eltern und Großeltern gefeiert wurde. Zeigen Sie alte Fotos davon. Die meisten Kinder lieben diese Erzählungen und Sie selbst werden durch Ihre Erinnerungen ganz unwillkürlich in weihnachtliche Stimmung versetzt.

Vom Wünschen und Wünsche erfüllen – Bescherung statt Geschenkeschlacht

Familienwunschtüte für die Weihnachtszeit

Philip möchte schon seit Ewigkeiten, dass Mama sich mit ihm richtig lang an den Computer setzt und zuguckt, wie toll er sein mittlerweile gar nicht mehr so neues Computerspiel beherrscht, Mama wünscht sich, dass alle mal wieder ins Marionettentheater gehen, Lisa will so gerne mal mit Papa alleine auf dem Weihnachtsmarkt bummeln und Papa träumt noch immer davon, mit allen zusammen das 3000-Teile-Puzzle zu schaffen, das er vor zwei Jahren zu Weihnachten geschenkt bekommen hat.

Der Erfüllung solcher Wünsche steht fast immer vor allem Zeitmangel entgegen. Schenken Sie sich bewusst diese kostbare Zeit! Der Advent ist genau der richtige Moment dafür, sich gegenseitig zu signalisieren, dass man sich diese Zeit wert ist. Durchbrechen Sie die Zeitmangel-Gewohnheit am besten mit einem kleinen Familienritual zu Beginn der Adventszeit. Kündigen Sie an, dass sich alle bis morgen Abend zwei nicht materielle Wünsche an die anderen Familienmitglieder ausdenken sollen: einen zur Erfüllung während der Adventszeit und einen für die Tage „zwischen den Jahren". Die Wünsche sollen aufgeschrieben oder aufgemalt und schön verpackt werden. Einer rollt und klebt zusätzlich aus weihnachtlich beklebtem Karton eine schön dekorierte Adventswunschtüte (wie eine kleine Schultüte), in die am vereinbarten Abend alle ihre Wunschpäckchen hineinwerfen können. Jeder zieht dann zwei fremde Wunschpäckchen und packt sie aus. Die Wünsche werden in Ruhe hintereinander vorgelesen und sofort wird gemeinsam überlegt, wann sie am besten zu erfüllen sind: Das Puzzle auf jeden Fall in den Weihnachtsferien, wenn Oma kommt, die puzzelt auch so gerne, für den Weihnachtsmarktbesuch holt Papa am besten Mittwoch nach Feierabend Lisa ab usw. Es ist wichtig, dass Sie ganz konkrete, aufeinander abgestimmte Pläne schmieden und alles sofort in einen Kalender eintragen oder auf einen Extra-Zettel schreiben, den Sie an zentraler Stelle aufhängen.

Vergnügen und Last: das Schenken

Weihnachtszeit ist Wünschezeit – und das ist schön so, auch wenn man das vor lauter Schenkzwängen und unter dem Eindruck des kauffördernden Weihnachtsstimmungs-Bombardements der Innenstädte manchmal gar nicht mehr wahrnehmen kann. Es gibt nur eine Lösung, wenn Ihre Adventsfreude unter der Last des Schenken-Müssens leidet: Machen Sie es sich leichter! Specken Sie die Geschenkeberge ab. Überdenken Sie zusammen mit der ganzen Familie, was Sie ändern können. Vielleicht stellt sich heraus, dass alle viel lieber mal einen Samstag gemeinsam verbringen würden, als bis zum Ladenschluss unterwegs zu sein. Und wenn das die Zeit war, die Sie gebraucht hätten, um nach dem ein oder anderen ganz speziellen Geschenk zu suchen, dann muss es eben durch ein weniger kompliziertes Geschenk ersetzt werden. Auch wenn es großen Spaß macht, materielle Herzenswünsche zu äußern und zu erfüllen, so sind regelrechte Geschenkeschlachten am Heiligabend, bei denen das einzelne Geschenk kaum mehr wahrgenommen wird, weil es in der Masse von Päckchen und Paketen einfach untergeht, leider überhaupt kein Genuss. Und die Freude am Schenken sollten Sie sich auf keinen Fall vermiesen lassen!

Wunschzettelzauber

Selbst wenn Kinder nicht mehr an den Weihnachtsmann oder das Christkind glauben: Weihnachtswünsche sind etwas ganz Besonderes und es wäre schade, wenn Wunschzettel zu bloßen Einkaufszetteln würden, die „zur Erledigung" einfach weitergereicht werden. Vielleicht vereinbaren Sie in Ihrer Familie einen Wunschzettelabend, an dem die Wunschzettel fertig sein sollen. Nach dem Abendessen schauen sich alle zusammen an, was für Wünsche jeder hat. Oft hat der eine oder andere noch eine gute zusätzliche Idee. Und außerdem sind die gemalten Wunschzettel kleinerer Kinder meist so schön, dass man sie als kleine Kunstwerke ausgiebig bestaunen und bewundern sollte.

Am Schluss bleiben die Wunschzettel auf dem Tisch liegen und am nächsten Morgen finden die Kinder an der Stelle kleine Überraschungen: Schokoladenherzen oder kleine Engel-Christbaumanhänger aus Holz. Solche einfachen Familienrituale sind herrliche, bleibende Erinnerungen und bringen Weihnachtszauber ins oft so prosaische Geschenketreiben zur Adventszeit.

Schenken: die Tradition

Einen „Kinderbeschenktag" gab es schon im frühen Mittelalter, allerdings am 28. Dezember, dem Tag der unschuldigen Kinder. Bis ins 14. Jahrhundert hatte sich allerdings aufgrund der Beliebtheit eines Heiligen ein anderer Termin durchgesetzt: Der 6. Dezember als Tag des heiligen Nikolaus, Patron der Kinder, wurde zum Kinderbeschenktag. In manchen Gegenden bekamen allerdings nur die Jungen an Nikolaus Geschenke, die Mädchen am 13. Dezember, Tag der heiligen Lucia. Nach der Reformation wurde in protestantischen Gebieten der 24. bzw. 25. Dezember gegen den Nikolaustag durchgesetzt, weil Heilige als Gnadenbringer und Heiligenfeste abgelehnt wurden. Erst nach 1900 verbreitete sich der Weihnachtstermin nach und nach in ganz Deutschland als Kinderbeschenktag. Dass sich auch erwachsene Familienmitglieder untereinander etwas schenken, steht in Zusammenhang mit der Entwicklung des Weihnachtsfestes zum Familienfest, das frühestens ab dem 18. Jahrhundert Einzug in die Privathaushalte hielt.

der Suche nach einer Unterkunft für die Nacht. Die Kinder spüren sich – oft mit viel Fantasie – in die Geschichte ein oder verwandeln sich mit Leib und Seele in die Figuren, die sie spielen. Lassen Sie ruhig schon beim Improvisieren den Kassettenrekorder mitlaufen. Dann gewöhnen sich alle daran und sind weniger gehemmt, außerdem ist es hinterher sehr lustig, die Entstehung der Dialoge mitzubekommen – übrigens auch für den Beschenkten. Dem sollten Sie die lustigen Proben nicht vorenthalten. Abgesehen davon, dass sie einen lustigen gemeinsamen Nachmittag verbringen und dabei ein Geschenk fabrizieren, das Sie für mehrere liebe Menschen kopieren können, macht eine solche Aufnahme die Weihnachtsgeschichte für alle Teilnehmenden auf eine sehr persönliche Art und Weise lebendig.

Tipp:

Es muss nicht die Weihnachtsgeschichte sein: Auch andere vorgelesene oder gespielte Geschichten machen Spaß und eignen sich aufgenommen hervorragend als Geschenk der ganzen Familie.

Grapefruitsaft „Süßer die Glocken"

Jede Familie hat ein paar schwer zu beschenkende Freunde und Familienmitglieder, denen man aber dennoch mit einem persönlichen Geschenk zeigen möchte, dass man an sie denkt und Zeit für sie hat. Wandeln Sie zusammen mit den Kindern doch einfach ein klassisches Verlegenheitsgeschenk so um, dass der Beschenkte gar nicht auf die Idee kommt, es könnte unpersönlich sein: Jeder trinkt irgendetwas besonders gern – es muss ja nicht unbedingt etwas Alkoholisches sein. Klar kann sich Tante Hilde ihren Grapefruitsaft auch selber kaufen und ein Weihnachtsgeschenk ist er allemal nicht. Oder vielleicht doch? Wenn er ein ganz besonderes Weihnachtsetikett hat, wird er nämlich zu etwas ganz Persönlichem. Und solche Weihnachtsetiketten für Saft, Wein, Marmelade usw. kann man wunderbar mit Kindern zusammen an einem verregneten Dezembertag malen, basteln und kleben. Jedes Etikett ist ein Einzelstück, liebevoll gestaltet für seinen Empfänger: Tante Hildes Weihnachts-Grapefruitsaft „Süßer die Glocken", Weihnachtsspätlese „Krippenbrunn", Weingut Familie Müller, Sonderabfüllung für Heini Pohl usw.

Weihnachtsgeschichte auf Kassette oder Diskette

Hörbücher werden immer beliebter! Verschenken Sie doch liebevoll selbst aufgenommene Kassetten oder Klangdateien, zum Beispiel mit der Weihnachtsgeschichte. Sie können einfach vorlesen, allein oder abwechselnd mit den Kindern, die Interesse zeigen. Besonders schön ist es aber, auch kleine Dialoge einzuspielen. Einer ist Josef, einer Maria auf

Persönliches Sofortprogramm: Geschenkefee

Wenn Sie am Weihnachtsabend merken, dass die Bescherung aus dem Ruder zu laufen droht und Sie befürchten, dass keiner mehr einen Blick für den anderen und für die einzelnen Geschenke hat, dann ziehen Sie rechtzeitig die Notbremse und bestimmen Sie eine Geschenkefee oder einen Päckchenwichtel. Die Geschenkefee – idealerweise ein älteres Kind – sucht aus dem Berg der Geschenke jeweils eins aus und bringt es zu seinem Empfänger. Während der auspackt, können die anderen zuschauen, sich unterhalten oder sich in Ruhe mit bereits ausgepackten Geschenken beschäftigen. Sofort ist die Hektik der Geschenkeschlacht verschwunden, die Geschenke – auch der anderen – werden wahrgenommen und die Bescherung geht in einer ruhigeren Atmosphäre weiter, ohne dass sie deshalb langweilig würde. Im Gegenteil: Dadurch, dass alle mehr miteinander kommunizieren, wird die Stimmung auf eine angenehme Art lebhafter.

Heiligabend:
der Tag an dem alles anders ist

Warteplatz mit Aussicht

Weihnachten ist fast am aufregendsten, wenn Sie noch kleine Kinder im Haus haben, die fest ans Christkind oder den Weihnachtsmann glauben. Jahr für Jahr schleichen sich zwar mehr Zweifel ein, aber wer kann schon sicher sein? Am besten wäre es da natürlich, man würde den Gabenbringer endlich mal auf frischer Tat ertappen. Aber er kommt bestimmt, wenn man gerade mal nicht guckt ... Manche Kinder haben eine enorme Ausdauer beim Warten aufs Christkind und sind kaum vom Fenster wegzubekommen. Gestalten Sie diese Neugier doch in einen Brauch um, der sich durchaus einige Jahre wiederholen kann. Bieten Sie Ihrem Kind an, dass es sich eine komfortable, gut ausgestattete Beobachtungsstation am Fenster einrichten kann – am besten eine richtige Spionage-Station mit Fernglas, bequemen Kissen und vor allem mit viel leckerem Warteproviant. Ganz Eifrige können sogar ihr Mittagessen dort serviert bekommen. An einem so besonderen Tag wie Heiligabend darf eben alles ein bisschen anders sein als sonst!

Das gilt auch, wenn Sie keine Christkindgucker in der Familie haben: Kinder lieben ritualisierte Abweichungen vom normalen Familienalltag. Sie werden sich ihr Leben lang daran erinnern, dass am 24. Dezember nicht am Tisch, sondern beispielsweise auf der Treppe oder auf dem Boden sitzend gegessen wurde (natürlich immer dasselbe Familiengericht), weil das Weihnachtszimmer mit Esstisch schon verschlossen war. Überlegen Sie sich irgendeine vergleichbare Kleinigkeit für Ihre familiäre Situation, Sie werden sehen, wie aufregend Kinder das finden und wie sehr es – übrigens auch Sie – mit der Besonderheit dieses Tages auf Tuchfühlung gehen lässt.

Rascheln und Knistern: das Geheimnisvolle zelebrieren

Das Allerschönste an Weihnachten sind gar nicht die Geschenke. Das Schönste ist die knisternde Spannung vorher und das aufregende Gefühl, dass einfach alles möglich ist, dass alle geheimen und nicht geheimen Wünsche in Erfüllung gehen könnten – und das in nur noch zwei Stunden, in nur noch zwanzig Minuten, gleich und schließlich: jetzt!
Für dieses „Jetzt" brauchen Sie unbedingt ein immer gleiches akustisches Zeichen, das die zum Schluss schier unerträglich gewordene Spannung auflöst. Glücklich, wer ein Klavier im Haus hat und jemanden, der darauf jedes Jahr dasselbe Weihnachtslied spielt zum Zeichen, dass nun der große Moment gekommen ist. Das traditionelle Glöckchen ist aber auch wunderbar geeignet für diesen einmaligen Augenblick. Gerade wenn Sie kein abgeschlossenes Weihnachtszimmer haben, ist es wichtig, ein Zeichen zu setzen, dass der eben noch „normale" Raum in diesem magischen Moment zum Weihnachtszimmer wird. Aber auch schon während des ganzen Tages sollte das Geheimnisvolle zelebriert werden: Verschlossene Türen mit Warnschildern vor unerbetenem Besuch steigern die Spannung. Vielleicht sind sogar Schlüssellochverhänger nötig. Und Flüstern ist ausnahmsweise selbstverständlich auch erlaubt, wenn Dritte anwesend sind.

Der Neugierteufel oder Überraschungsengel

Haben Sie ein Weihnachtszimmer, dessen Tür am Morgen des 24. Dezember verschlossen wird? Und haben Sie auch schrecklich neugierige Kinder, die es kaum aushalten können, nicht durchs Schlüsselloch zu gucken? Ein Neugierteufel oder ein Überraschungsengel aus Pappe können als Türklinkenanhänger das Schlüsselloch verdecken und weihnachtliche Neugierkatastrophen verhindern. Wie Ihr Kind die Figur malt, beklebt und ausschneidet, ist ganz egal. Entscheidend ist nur, dass Sie in der richtigen Schlüsselloch verdeckenden Länge ein Stück Kordel drankleben und den Neugierteufel als kleinen, augenzwinkernden Warnhinweis befestigen. Das Basteln des Neugierteufels ist auch eine prima Beschäftigung, um das unerträglich lange Warten auf den großen Moment am Nachmittag oder frühen Abend etwas kurzweiliger zu gestalten.

Weihnachtsmann oder Christkind: die Tradition

Das Christkind ist eine Erfindung Martin Luthers und Folgeerscheinung der Reformation mit ihrer Ablehnung der Heiligenverehrung. Das in seinem Wesen und seiner äußeren Erscheinung nicht klar definierte Christkind löste den Heiligen Nikolaus als Kinderbescherer zunächst in den reformierten Gegenden ab, wurde aber nach und nach so populär, dass es auch in die katholischen Haushalte einzog. In den Niederlanden allerdings konnte es sich gegen den Heiligen nicht durchsetzen. Diesem Umstand verdanken wir letztlich den Weihnachtsmann. Denn Nikolaus wurde von Auswanderern nach Amerika exportiert und erhielt dort durch die Vermischung mit der Figur von Väterchen Winter eine neue Gestalt: der hagere, asketische Bischof wandelte sich zum gemütlichen, rundlichen Father Christmas mit Rauschebart und Plümmelmütze, der dann aus Amerika nach Europa reimportiert wurde. Eine erfolgreiche Werbekampagne von Coca Cola prägte in den 1930er Jahren schließlich die Kleidung des Weihnachtsmanns, so wie wir sie heute kennen: rot mit weißem Pelzbesatz. Wenn man die Entwicklung bedenkt, erscheint es als Absurdität, dass der aus dem Nikolaus hervorgegangene Weihnachtsmann sich in Deutschland gerade in protestantischen Gegenden durchsetzte, während katholische das ursprünglich protestantische Christkind als Gabenbringer beibehielten.

Baumschmücken:
alle Jahre wieder gemeinsam

Vielleicht haben Sie ja die Idee vom Weihnachtsschatzkästchen für jedes Familienmitglied aus dem Kapitel „Familieninseln" aufgegriffen. Dann wäre jetzt Zeit alle loszuschicken, ihre Kistchen zu holen und gemeinsam zu überlegen, welche der Weihnachtsschätze an den Christbaum gehängt werden sollen. Denn den Christbaum als Überraschung für die Bescherung aufbewahren zu wollen, läuft an der räumlichen Situation und der Zeitplanung vieler Familien vorbei. Und obwohl alle ihn schon kennen, hat der Christbaum im Moment der Bescherung nichts von seinem Zauber eingebüßt, weil er beleuchtet und mit Weihnachtsaugen betrachtet gänzlich anders aussieht. Lassen Sie die Kinder jedes Jahr die gleichen Aufgaben beim Schmücken übernehmen, sodass sich Zuständigkeiten ein-

bürgern. Vielleicht ist bei Ihnen ein Kind für Sterne und eines für Kugeln zuständig. Oder eines für den Schmuck unten und ein größeres für oben, während die Kerzen oder Lichterketten Ihr Job sind. Der Regisseur mit der ausschlaggebenden Stimme bei dekorativen Meinungsverschiedenheiten kann jährlich wechseln. Wichtig ist, dass alle zusammenarbeiten, damit etwas Wunderschönes entstehen kann, von dem jeder zu Recht sagen kann, dass er daran Teil hat.

James Krüss

Tannengeflüster

Wenn die ersten Fröste knistern
In dem Wald bei Bayrisch Moos,
Geht ein Wispern und ein Flüstern
In den Tannenbäumen los,
Ein Gekicher und Gesumm
Ringsherum.

Eine Tanne lernt Gedichte,
Eine Lärche hört ihr zu.
Eine dicke, alte Fichte
Sagt verdrießlich: Gebt doch Ruh!
Kerzenlicht und Weihnachtszeit
Sind noch weit!

Vierundzwanzig lange Tage
wird gekräuselt und gestutzt
Und das Wäldchen ohne Frage
Wunderhübsch herausgeputzt.
Wer noch fragt: Wieso? Warum?
Der ist dumm.

Was das Flüstern hier bedeutet,
Weiß man selbst im Spatzennest:
Jeder Tannenbaum bereitet
Sich nun vor aufs Weihnachtsfest.
Denn ein Tannenbaum zu sein:
Das ist fein!

Der Christbaum: die Tradition

Der Christbaum hat seinen Ursprung im immergrünen Paradiesbaum des Paradiesspiels, das in der Kirche am 24. Dezember aufgeführt wurde, um mit der Geschichte von Adam und Eva an die Sündhaftigkeit des Menschen zu erinnern. Das Paradiesspiel war Teil des Krippenspiels, das am 25. Dezember mit der Geschichte um die Geburt Jesu fortgesetzt wurde. Dieser Paradiesbaum, von dem im Spiel der verbotene Apfel gepflückt wurde, erhielt im Laufe der Zeit mehr und mehr Schmuck, vor allem golden und silbern umwickelte Früchte und Nüsse, die Vorgänger der Christbaumkugeln. Im Verlauf des 16. und 17. Jahrhunderts löste sich der Paradiesbaum aus dem Rahmen des Krippenspiels und wurde nach und nach zum mit Süßigkeiten und Kinderspielzeug behängten Gabenbaum. Er hielt im Zuge der Wandlung des Weihnachtsfestes zu einem Familienfest im 18. Jahrhundert auch in die einfachen Privathäuser Einzug; zunächst allerdings nur in die evangelischen, als Gegenstück zum katholischen Brauch, Krippen aufzustellen. Ab dem 19. Jahrhundert taucht der Christbaum jedoch auch bei Katholiken auf, bis er zum überkonfessionellen Weihnachtssymbol wird, als das wir ihn heute kennen. Ein Tannenbaum musste der Paradies- bzw. Christbaum nicht immer sein: Auch andere immergrüne Gewächse wie Buchsbaum oder Stechpalme symbolisierten – nicht nur – bei kirchlichen Festen das Leben und die Hoffnung. Erst die Erfindung von Kunstwachskerzen aus Stearin ermöglichte übrigens weiten Bevölkerungsschichten, den Christbaum zu beleuchten, denn Bienenwachskerzen waren für die meisten Menschen unerschwinglich.

Christbaumanhänger des Jahres

Wenn Sie Ihren Kindern jedes Jahr in der Adventszeit einen oder zwei Anhänger für den Christbaum schenken, kommt im Verlauf der Jahre ein richtig schöner Fundus zusammen. Machen Sie ein nettes Familienritual daraus: Beim ersten Weihnachtsmarktbesuch des Jahres wird das Angebot gemeinschaftlich gesichtet und jeder überlegt schon einmal, was sein Anhänger des Jahres werden soll. Bei einer Tasse heißem Früchtepunsch diskutieren alle gemeinsam das Für und Wider dieses oder jenes Anhängers, bevor schließlich jedes Familienmitglied seinen speziellen Anhänger bekommt. Sie müssten dann natürlich auch ungewöhnliche Stücke akzeptieren, die vielleicht in Ihre Vorstellung vom perfekten Baum nicht passen. Aber das ist ja gerade das Schöne an so einem Baum: dass er die Handschrift aller Familienmitglieder trägt.

Wartezeit-Killer

Auf dieser Doppelseite finden Sie ein paar Anregungen zu Beschäftigungen, mit denen die unendliche Wartezeit bis zum frühen Abend viel schneller vergeht.

Dekorationshilfe

Wünschen Sie sich von den Kindern, dass Sie Ihnen bei den letzten Vorbereitungen fürs Fest mit einer ganz konkreten Aufgabe behilflich sind. Es ist ganz egal, ob Sie um ein besonders schönes Weihnachtsbild oder eine Collage als festlichen Küchenschmuck bitten, ob Sie die Kinder zum Basteln von einfachem Christbaumschmuck (z. B. die klassischen Ketten aus Goldpapier) anregen oder kleine Sterne für die Tischdekoration mit handelsüblichen Sternausstanzern ausdrücken lassen: Die Kinder werden stolz darauf sein, dass ihre Bastel- oder Malarbeit Teil der Weihnachtsdekoration ist, und nebenbei ist eine weitere Stunde wie im Flug vergangen.

Tipp:

Wenn Sie Heiligabend Besuch bekommen, lassen Sie Ihr Kind doch ein weihnachtliches Willkommenschild für die Haustür malen: Frohe Weihnachten, mit Sternen und Tannenbäumen verziert, ist eine schöne Begrüßung für Weihnachtsbesucher.

Weihnachtspokale

Aus Pappbechern, Goldfolie und ein bisschen Buntpapier kann Ihr Kind herrliche Trinkpokale für den Weihnachtstisch basteln. Zwei Pappbecher werden Boden an Boden aneinander geklebt und mit Goldfolie verkleidet. Wichtig: Oben muss ein Trinkrand frei bleiben. Auf die Goldummantelung werden zum Schluss Sterne, Bäumchen und einfache Punkte aus Buntpapier geklebt. Wenn Sie am Weihnachtsabend Wein oder Sekt verständlicherweise lieber aus Gläsern trinken möchten, benutzen Sie die Weihnachtspokale doch für Wasser oder andere antialkoholische Getränke.

Quatschgeschenke-Wörterschlange

Ein lustiger Zeitvertreib ist es, sich Quatschgeschenke auszudenken. Der Erste sagt: „Ich wünsche mir eine neue Klobrille." Der Zweite muss sich ein Geschenk mit „Brille" am Anfang ausdenken: einen „Brillenscheibenwischer" für Papa, eine „Scheibenwischerlampe" für Mama, eine „Lampentasche" für Oma usw. Die lustigsten Geschenke können gemalt und der Person, der sie zugedacht sind, später feierlich als Geschenk überreicht werden.

Spiegel-Stern

Vielleicht ist Ihr Kind noch nicht zu zappelig für dieses Malspiel: Stellen Sie einen Spiegel hinter eine Fläche, auf der ein Blatt Papier zum Malen liegt. Das Kind soll nun versuchen, beim Malen eines Sterns nicht aufs Papier zu gucken, sondern in den Spiegel. Das ist ganz schön schwer und die ersten Malergebnisse sind sehr lustig. Aber mit etwas Üben wird man immer besser – und das braucht natürlich ein bisschen von der spannenden Wartezeit!

Weihnachtskinderzimmer

Warum nicht die Unrast der Wartezeit nutzen und in Aufräumenergie umsetzen? Bitten Sie Ihr Kind, sein Zimmer weihnachtlich aufzuräumen, damit auch sein Raum ein echtes Weihnachtszimmer ist. Machen Sie für Aufräummuffel ein Spiel daraus, vielleicht klappt es ja: Aufräumen gegen die Eier-Uhr zum Beispiel oder teilen Sie das Zimmer in Planquadrate ein. Was aufgeräumt ist, wird auf einem Blatt Papier mit dem einfachen Zimmeraufriss rot übermalt.

Weihnachtsvorstellung

Kinder im Vor- und Grundschulalter üben unglaublich gern kleine Vorstellungen ein. Es muss ja nicht immer gleich ein Krippenspiel sein. Die Vorbereitung zu einer Solo-Tanzperformance zu einem aktuellen Lieblingssong – mit Verkleiden und Choreographie – dauert schon eine Weile. Allerdings muss sich die Familie dann später auch die Zeit nehmen, die Vorstellung in Ruhe zu betrachten und gebührend zu würdigen. Wenn am Heiligabend keine Zeit dafür ist, kann der Vorstellungstermin ja von vornherein auf den ersten Weihnachtsfeiertag gelegt werden. Und wie wär's mit Eintrittskarten? Die müssen dringend noch gebastelt werden ...

Geschichtenmagie

Meist gibt's vor Weihnachten aus gutem Grund keine neuen Bücher, Videos oder Hörbücher. Dabei wären sie der ideale Wartezeit-Killer, denn nie vergeht die Zeit schneller, als wenn man sich in die spannende Welt einer neuen Geschichte begibt. Die Lösung: rechtzeitig gezielt für den 24. Dezember in der Vorweihnachtszeit etwas aus der Bücherei ausleihen. Vielleicht liegt dann unterm Weihnachtsbaum die Fortsetzung.

Weihnachtsfeiertage und „Zwischen den Jahren"

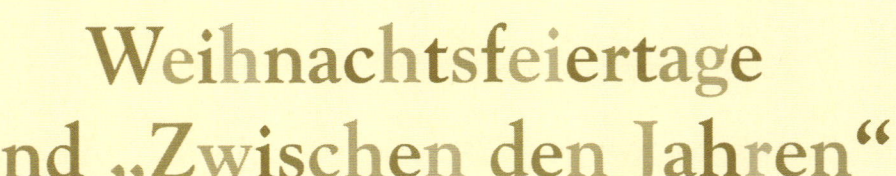

Geschenke-Picknick am 1. Weihnachtsfeiertag

Viele Familien haben an den Weihnachtsfeiertagen ein strammes Programm mit jeder Menge Familien- und Freundesbesuche. Der Morgen ist oft die einzige zu Hause verbrachte Tageszeit. Ein guter Grund, den Tag so beginnen zu lassen, dass alle einen entspannten Einstieg haben. Immer wieder ist es für Kinder das Wichtigste, sofort nach dem Aufwachen am ersten Feiertag im Schlafanzug zu ihren Geschenken zu flitzen, sie in Ruhe anzugucken und auszuprobieren. Ein frühes Frühstück würde da nur stören. Die Erwachsenen sehnen sich vielleicht nach dem ganzen Weihnachtsrummel danach, einfach ein bisschen länger im Bett liegen zu bleiben und in aller Ruhe im neuen Weihnachtsschmöker zu blättern. Also: Lassen Sie's ruhig angehen und machen Sie am Morgen des ersten Feiertags Laissez-faire zum Lebensprinzip für alle. Auch das ist ein schönes jährlich wiederkehrendes Ritual, das nicht nur Kinder genießen. Und wenn Sie sich vorm Schlafengehen am Heiligabend ein bisschen Vorbereitungszeit nehmen, wird's noch genussvoller:

Bereiten Sie abends auf einem Tablett ein kleines Geschenke-Picknick für die Kinder vor, das Sie neben die Geschenke stellen. Das kann ein Schüsselchen mit den Lieblingsfrühstücksflocken oder ein Schüsselchen mit Nüssen, Rosinen und Trockenfrüchten sein. Auf Zutaten, die im Kühlschrank warten, kann ein liebevoller Zettel hinweisen, der auch einen Guten-Morgen-Gruß enthält. Sparen Sie sich und Ihren Partner nicht aus: Auch an Ihrem Bett liegt eine Kleinigkeit zum Schnabulieren, damit Sie es länger gemütlich im Bett aushalten können. Irgendwann werden die Kinder bestimmt bei Ihnen im Bett landen und Sie können erzählend und kuschelnd den aufregenden Heiligabend Revue passieren lassen und planen, wann und wie die Geschenke gemeinsam ausprobiert werden können.

Duftende Traumreise in den Orient

Nehmen Sie sich in den Ferien einen Moment der Muße, um mit Ihren Kindern auf eine Fantasiereise in den Orient zu gehen. Als Vorbereitung füllen Sie weihnachtliche Gewürze in kleine Döschen: Sternanis, Zimt, Nelken, Kardamom usw. und stellen mit Honig gesüßten Pfefferminztee in Gläsern bereit. Wenn alle Reisefreudigen auf einem gemütlichen Lager versammelt sind, beginnen Sie mit ruhiger Stimme zu sprechen:

Lasst uns in den märchenhaften Orient fliegen. Bist du bereit mitzukommen? Wir nehmen einen fliegenden Zauberteppich. Wie groß und schön gemustert er ist! Siehst du die blauen und roten verschlungenen Blumenranken? Steh in Gedanken auf und nimm Platz auf dem weichen Teppich. Der Platz reicht für alle. Da hebt der Teppich schon sacht vom Boden ab und schwebt zur Tür hinaus. Immer schneller saust der Teppich durch die Luft, aber wir sitzen so sicher darauf wie in Abrahams Schoß. Lange fliegen wir über grün-braunes Land und übers blaue Meer. Jetzt gleitet der Teppich langsam abwärts. Du erkennst, dass wir über Wüste fliegen – endloser Sand breitet sich bis zum Horizont aus. Aber jetzt, jetzt siehst du in der Ferne etwas Weißes aufblitzen: Es ist eine kleine Stadt in der Wüste. Die Häuser sehen ganz anders aus als bei uns, weiß und kastenförmig. Der Teppich geht in einer kleinen stillen Gasse sanft zu Boden. Wir steigen ab und

du rollst den Teppich zusammen. Die Rolle ist ganz leicht zu tragen. In der Nähe hörst du die Geräusche vieler Menschen, die in einer fremden Sprache sprechen. Neugierig biegst du um die Ecke und stehst auf einem Markt. Viele Händler preisen laut ihre Waren an. Du siehst Kamele an der Seite stehen. Überwältigt schließt du die Augen und nimmst den betörenden Duft von tausendundeinem Gewürz wahr. Es duftet herrlich und verführerisch. Öffne die Augen und schau dich um. Menschen mit ungewöhnlichen Kopfbedeckungen winken dir freundlich zu. Ein Mann in einer Art langem Kleid bringt dir ein Glas duftenden Pfefferminztee, in dem grüne Blätter schwimmen. Er schmeckt herrlich und du bedankst dich mit einem Lächeln. Er bedeutet dir, dass nun Zeit ist zurückzufliegen. Etwas abseits vom Markt rollst du den Teppich aus und alle nehmen wieder darauf Platz. Erst langsam, dann immer schneller werdend bringt uns der Teppich sicher nach Hause und landet sanft im Wohnzimmer. Bist du gut angekommen? Dann öffne langsam die Augen.

Verteilen Sie nun die Duftdöschen und geben Sie jedem Reiseteilnehmer ein Glas Pfefferminztee. Erleben Sie zusammen die intensiven Geruchs- und Geschmackswelten und lassen Sie die Kinder unter diesen Eindrücken von ihren Erlebnissen während der Traumreise berichten.

Spannende Spaziergänge

Es wird Ihnen und auch den Kindern gut tun, wenn Sie in den Feier- und Ferientagen viel Zeit gemeinsam an der frischen Luft verbringen. Damit auch die Kinder Spaß an Spaziergängen haben, machen Sie sie ihnen doch einfach auf spielerische Art und Weise schmackhaft.

Abstand schätzen

Jeder der Spaziergänger muss den Abstand zu einem Baum in der Nähe abschätzen. Die Maßeinheit sind zum Beispiel Riesenpapaschritte. Wer am besten geschätzt hat, darf das nächste Schätzobjekt und das Schrittmaß aussuchen.

Zielwerfen und Wandertrophäen

Auch wenn die Winterlandschaft karg ist, Zapfen, Steine und Stöcke finden sich überall – und damit kann man ohne großen Aufwand Zielwurfspiele veranstalten. Zunächst können die Kinder ausschwärmen und fünf schöne Wurfzapfen für jeden finden. Wenn alle versorgt sind, halten Sie an einer Stelle an, die gute Möglichkeiten für ein Zielwerfen bietet. Als Ziel kann ein Baumstumpf, eine Linie aus Stöcken oder Steinen, ein offener Rucksack, ein Nest aus Ästchen und Blättern etc. dienen. Wer am besten getroffen hat, bekommt einen mitgebrachten kleinen Preis oder eine „Trophäe", zum Beispiel einen geschnitzten Wanderstock, der beim nächsten Spiel an den neuen Sieger weitergereicht wird.

Zeitstoppspiele

Packen Sie eine Stoppuhr ein. Natürlich reicht auch eine Armbanduhr mit Sekundenzeiger, aber Stoppuhren sind aufregender! Sie können nun von allem und jedem die Zeit stoppen. Wie lange brauchen die Wettkampfteilnehmer auf einem Bein hüpfend bis zur grünen Bank da vorne? Wer ist am schnellsten beim Slalom um die acht frei stehenden Bäume und wer schafft es, am langsamsten bis zum Zielbaum zu schleichen? So bleiben Sie auf spannende Art und Weise in Bewegung.

Ich packe in meinen Koffer

Denken Sie gemeinsam über den nächsten Familienurlaub nach. Wo wollen die Kinder am liebsten hinreisen. In der Fantasie ist alles erlaubt und da kann man ja auch schon mal mit dem bekannten Spiel den entsprechenden Koffer packen: Mama packt in ihren Koffer Schwimmflossen. Lina packt Schwimmflossen und Rollschuhe ein, Nick Schwimmflossen, Rollschuhe und die neue Hörspielkassette … Mal gucken, wie viele Weihnachtsgeschenke ihren Platz im Familienkoffer finden!

Tipp:

Das Spiel „Ich sehe (vor meinem geistigen Auge) was, was du nicht siehst, und das ist rosa" kann man genauso ausschließlich auf die Geschenke beziehen wie „Ich packe in meinen Koffer hinein".

Der Weihnachtstermin: die Tradition

Eigentlicher Feiertag der Geburt Christi ist der 25. Dezember und nicht der 24. Dass wir an Heiligabend feiern und bescheren, geht letztlich auf eine jüdische Sichtweise zurück: Ein neuer Tag beginnt liturgisch mit dem Sonnenuntergang des Vortages. In vielen anderen Ländern wird Weihnachten erst am 25. Dezember gefeiert. Und so wurde es auch im Jahr 831 in Deutschland ursprünglich eingeführt. Die Festlegung des Geburtstermins auf den 25. Dezember war sicherlich kein Zufall: Im Mittelmeerraum galt dieser Tag als Geburtstermin des allseits bekannten und verehrten unbesiegbaren Sonnengottes Mithras. Auch im hiesigen Raum hatte der 25. als besonderer Tag bereits eine lange Brauchtumstradition: Vom 25. Dezember bis zum 6. Januar dauerten nach dem Volksglauben die „rauen Nächte", eine Zeit, in der böse Dämonen versuchen, den Menschen Unheil zuzufügen, wogegen diese sich durch Ausräuchern von Haus und Hof zu schützen suchten. Kinder und Frauen durften nach Einbruch der Dunkelheit das Haus nicht mehr verlassen und alles musste peinlich ordentlich sein, denn die Dämonen würden Unordnung bestrafen.

Impressum

Luise Wiese wurde 1964 in eine große feier-, spiel- und lesefreudige Familie hineingeboren. Nach dem Studium konnte sie sich ihren Kindheitstraum erfüllen und als Lektorin Bücher für Kinder und Eltern betreuen. Mittlerweile ist sie selbst Mutter und arbeitet als freie Lektorin und Autorin.

Jutta Garbert studierte Freie Grafik an der Folkwangschule in Essen. Sie lebt in der Nähe von Nürnberg und arbeitet als freie Illustratorin für verschiedene Kinder- und Jugendbuchverlage.

Quellennachweis

S. 44: Am 4. Dezember, aus: Josef Guggenmos, Ich will dir was verraten, 1992 Beltz Verlag Weinheim und Basel, Programm Beltz & Gelberg, Weinheim

S. 52: Tannengeflüster, © James Krüss, 2001, Der wohltemperierte Leierkasten erschienen im C. Bertelsmann Jugendbuch Verlag, ein Unternehmen der Verlagsgruppe Random House GmbH, München

© 2003 Christophorus-Verlag GmbH
Freiburg im Breisgau
www.christophorus-verlag.de

Alle Rechte vorbehalten
Printed in Belgium

2. Auflage

ISBN 3-419-53623-2

Illustrationen: Jutta Garbert

Coverfoto: Ursula Markus
Bildleiste: Ulrich Niehoff, Heidi Velten

Fotos:
Ulrich Niehoff: Seite 12, 32, 38, 48, 58
Heidi Velten: Seite 54

Umschlaggestaltung: Network!, München
Layoutentwurf und Produktion: Uwe Stohrer Werbung, Freiburg

Herstellung: Proost, Turnhout 2003

Hier zeigen wir Ihnen eine Auswahl unserer beliebten und erfolgreichen Bücher – und wir haben noch viele andere im Programm. Wir informieren Sie gerne, fordern Sie einfach unser Verlagsprogramm an:

3-419-**52932**-5

3-419-**53598**-8

3-419-**53622**-4

3-419-**53609**-7

3-419-**52946**-5

3-419-**53259**-8